CB079684

O Controle de Inconstitucionalidade das Leis

Luiz Fabião Guasque
Procurador de Justiça

O Controle de Inconstitucionalidade das Leis

000444

Freitas Bastos Editora

Copyright © 2004 *by* Luiz Fabião Guasque

Todos os direitos reservados e protegidos pela Lei 9.610, de 19.2.1998.
É proibida a reprodução total ou parcial, por quaisquer meios, bem como a produção de apostilas, sem autorização prévia, por escrito, da Editora.

Direitos exclusivos da edição e distribuição em língua portuguesa reservados para a
Livraria Freitas Bastos Editora S. A.

Editor: Isaac D. Abulafia
Capa: Rico Bittencourt
Revisão de Texto: Hélio José da Silva
Editoração Eletrônica: Jair Domingos de Sousa

CATALOGAÇÃO NA FONTE
DO
DEPARTAMENTO NACIONAL DO LIVRO

G951c

Guasque, Luiz Fabião, 1957-
O controle de inconstitucionalidade das leis / Luiz Fabião Guasque. – Rio de Janeiro; Freitas Bastos, 2004.
176 p. ; 21 cm.

Inclui bibliografia.

ISBN 85-353-0272-7

1. Leis – Constitucionalidade – Brasil. 2. Direito constitucional – Brasil I. Título

CDD - 342.81

Livraria Freitas Bastos Editora S.A.

Tel./Fax: (21) 2573-8949
freitasbastos@freitasbastos.com.br vendas@freitasbastos.com.br
Av. Londres, 381 – Bonsucesso
CEP 21041-030 – Rio de Janeiro – RJ

Ao Desembargador Paulo Sérgio de Araújo e Silva Fabião, pelo exemplo de luta pela causa de Justiça.

Sumário

3
A inconstitucionalidade das leis e a ação declaratória de constitucionalidade

1
O controle de inconstitucionalidade das leis no direito comparado

1. Introdução

O sistema de controle de inconstitucionalidade das leis no direito comparado se manifesta, basicamente, de duas maneiras: 1ª – política, como função legislativa; 2ª – jurídica, com controle por órgão próprio, constituído para esta finalidade, ou pelo judiciário.Como atividade da jurisdição, o controle pode ser concentrado, ou por ação direta, ou incidental, em cada caso concreto.

Nos Estados Unidos, onde nasceu o controle incidental de inconstitucionalidade, o sistema da jurisdição de eqüidade, ou seja, a criação de precedentes, determina que os efeitos do controle incidental sejam os mesmos do por via de ação direta no Brasil, pois o precedente se aplica a todos os demais casos semelhantes.

Cappelletti faz alusão de que em certos países, em lugar de um controle jurisdicional – ou, talvez, ao lado dele –, existe um controle exercido por órgãos chamados por ele de "políticos, mas não judiciários".[1]

Nesse caso, é igual ao nosso, quando exercido pelas comissões revisoras, pelo Presidente, ou mesmo no próprio Congresso através de suas duas Casas, só que sem especialidade por um órgão constituído só para isso.

---

[1] CAPPELLETTI, Mauro. *O controle judicial de constitucionalidade das leis no direito comparado*. Sérgio Antônio Fabris – Editor, p. 26.

O país que oferece mais típicos e numerosos exemplos de controle político, não judicial, de constitucionalidade, é a França. Esse controle ocorre quando um texto legislativo ou um tratado internacional já está definitivamente elaborado mas ainda não promulgado. O Presidente da República, o Primeiro-Ministro ou o Presidente de uma ou outra Câmara do Parlamento pode remeter o próprio texto legislativo ou o tratado ao Conseil Constitutionnel, a fim de que este se pronuncie sobre a conformidade com a Constituição. Para algumas leis, ditas "orgânicas" (de organização dos poderes públicos), o pronunciamento é sempre obrigatório.

A Itália tem também exemplo de controle político (não judicial) embora preveja também um controle judicial.[2]

O Presidente pode suspender a promulgação da lei, pedindo à Câmara, motivadamente, que submetam o texto legislativo a uma nova deliberação.

Na União Soviética, os mesmos órgãos que elaboram as leis são responsáveis pelo controle, não cabendo, na minha opinião, se falar propriamente em controle.[3]

2. Antecedentes de controle efetivo

Verdadeiramente, até ser posto em prática o sistema norte-americano de *judicial review (of de constitutionality of legislation)*, nos Estados da Europa, nada semelhante havia sido criado.Com a Constituição norte-americana, teve verdadeiramente início a época do "constitucionalismo", com a concepção da *supremacy of the Constitution* em relação às leis ordinárias.

A Constituição norte-americana representou, em síntese, o arquétipo das assim chamadas Constituições "rígidas", contrapostas às Constituições "flexíveis", ou seja, o arquétipo daquelas Cons-

---

[2] ESPOSITO, Carlo. "Il controllo giurisdizionale sulla costituzionalità delle leggi in Itália", em *Riv. dir. proc.*, V (1950), parte I, p. 294-295.

[3] CAPPELLETTI. Ob. cit., p. 37.

tituições que não podem ser mudadas ou derrogadas, através de leis ordinárias, mas, eventualmente, apenas através de procedimentos especiais de revisão constitucional. A Constituição federal norte-americana de 1787 dispunha, expressamente, no art. VI, cláusula 2ª, que: "this Constitution (...) shall be the supreme Law of the Land; and the judges in every States hall be bound thereby (...)". Na interpretação de John Marshal, foi de importância fundamental e de profundo caráter inovador, pois fixou a Supremacia da Constituição.[4]

A opção do Chief Justice Marshal, com a promulgação da supremacia da Constituição sobre as outras leis e com o conseqüente poder dos juízes de não aplicar as leis inconstitucionais, certamente representa a grande inovação. Hoje, quase todas as Constituições modernas do mundo ocidental tendem a afirmar o caráter da rigidez constitucional, e não mais flexível, afastando a possibilidade de alteração da lei fundamental pelo mesmo processo das leis ordinárias.

Vale referir, que a Constituição Inglesa é em grande parte não escrita, tendo desta forma o caráter de Constituição flexível.[5]

3. O controle na civilização ateniense

No Direito ateniense, distinguia-se entre nómos, isto é, lei em sentido estrito, e o pséfisma, o decreto.Os nómoi (leis) tinham um caráter que, sob certos aspectos, poderia se aproximar das modernas leis constitucionais, e isto não somente porque diziam res-

---

[4] Pode ser visto no capítulo sobre o "Principle of Supremacy" do volume de W. G. Wagner, *The Federal States end Their Judiciary, The Hague*. Mouton: 1959, p. 73 e ss.

[5] AZZARITI, Giorgio. "I vari sistemi di sindicato sulla costituzionalità delle leggi nei diversi paesi", no vol. "La Corte Costituzionale (raccolta di studi)", suplemento de *La Rassegna Mensile dell'Avvocatura dello Stato*. Roma: Istituto Pligrafico dello Stato, 1957, p. 4; McWHINNEY, Edward. Judicial Review in *English-Speaking World,* University of Toronto Press, 1960, p. 31 ss. com novas referências.

peito à organização do Estado, mas ainda porque sua modificação só podia ser feita através de procedimento especial, semelhantes atualmente ao processo de revisão constitucional.[6]

A mudança da lei em Atenas era considerada uma providência de extraordinária gravidade, cercada de garantias.

Aristóteles considerava a lei como norma acima das paixões humanas, e chegou a formular a doutrina da "supremacia da lei" e da ilegitimidade da lei injusta.[7] A Assembléia Popular (Ecclesía) tinha também um poder legislativo direto. As deliberações da Assembléia não assumiam, entretanto, a forma de nómoi, mas o de psefísmata: decretos.Havia o princípio fundamental de que o decreto, qualquer que fosse o seu conteúdo, devia ser legal na forma e na substância.Não podia estar em contraste com as leis constitucionais vigentes.

3-a . A concepção de Direito e Justiça

A concepção de Direito e Justiça, que dominou a época medieval, pode ser considerada como um grandioso precedente, de significado séculos depois, e adotado nos Estados Unidos, e em outros países da América, Europa e demais continentes, como base do sistema moderno de controle judicial da legitimidade e constitucionalidade das leis.

A concepção de Direito e Justiça, que dominou a Idade Média, se ligava ao pensamento de Platão e Aristóteles, estando jungida sobretudo, à doutrina Tomista, aos filósofos estóicos e a Cícero.[8] Nessa concepção, a idéia de *jus naturale* assumia um lugar preeminente: o direito natural era configurado como a norma

---

[6] PAOLI, *Studi sul processo attico*. Padova: Cedam, 1933, p. 23 e ss.
[7] CORWIN, Edward S. The "Higher Law" Background Law Review, XLII (1928-29), republicado em volume. Ithaca, N.Y.: Cornell University Press, 1955, fifth printing 1963, p.7.
[8] CORWIN. Ob. cit., p. 9-17.

superior, de derivação divina, na qual todas as outras normas devem ser inspiradas. A fórmula romana, ou pseudo-romana, *Princeps legibus solutus* se queria substituir, então pela fórmula oposta: *Princeps legibus tenetur*, enquanto outros elaboraram uma tese intermediária segundo a qual o soberano, não vinculado à lei civil, estava, porém, vinculado à lei natural.

A escola jusnaturalista do século XVII afirmava a existência de "direitos inatos", intangíveis e irrenunciáveis e a existência de limites e de preceitos cogentes para o próprio legislador.

Também John Locke afirmava que o Legislativo detém o *supreme power*, mas que este se limita pelo direito natural.[9]

A positivação do Direito Natural é apontada por Cappelletti, a partir das Constituições rígidas, iniciado o processo com a Constituição dos Estados Unidos, e sendo dado o passo definitivo pelas Constituições que afirmam como preceitos de Direito Constitucional positivo os princípios "naturais" e os "direitos inatos", e, por outro lado, oferecerão uma garantia efetiva de concreta aplicação daqueles princípios e de concreta tutela daqueles direitos: uma garantia, por conseguinte, de não aplicação das leis que contrastarem com o preceito constitucional em que se contém uma espécie de "vontade permanente do povo", enquanto nas leis ordinárias, há apenas uma vontade "transitória e temporária".[10]

4. O sistema sob o aspecto subjetivo ou orgânico

No que concerne ao aspecto subjetivo ou orgânico,[11] podem se distinguir, segundo terminologia já bem conhecida, dois grandes tipos de sistemas de controle judicial de constitucionalidade das leis:[12]

---

[9] Idem, p. 67.
[10] CAPPELLETTI. Ob. cit. p. 56.
[11] O critério é utizado por Cappelletti. Ob. cit. p. 67.
[12] CALAMANDREI, P. *La illegittimità costituzionale delle leggi*. Padova: Cedam, 1950, p. 5.

a) sistema difuso, onde o poder de controle pertence a todos os órgãos judiciários de um dado ordenamento jurídico, que o exercitam incidentalmente, na ocasião da decisão das causas de sua competência;

b) sistema concentrado, em que o poder de controle se concentra, ao contrário, em um único órgão judiciário.

Há ainda a possibilidade de adoção dos dois tipos de controle , como no caso do Brasil, do México e da Irlanda.

A Áustria, por exemplo, adota apenas o sistema concentrado.

É interessante observar que os sistemas de controle de constitucionalidade das leis são desenvolvidos em consonância com a forma de estado: federal ou unitário e o sistema de jurisdição: legal ou de eqüidade, o que determinará, como referimos, na diversidade dos seus efeitos, embora haja países, como a França, que adotam apenas o controle político.

Também como exemplos de países que utilizam apenas o controle concentrado, temos a Alemanha, Itália, e a Iugoslávia, que foi o primeiro país comunista a introduzir o controle em uma Corte Constitucional Federal.[13]

É nítido o contraste entre a concepção francesa e a norte-americana dos *checks and balances*, inspirada não na ideologia da nítida separação dos poderes, mas na do recíproco controle e equilíbrio das demais funções do Estado.[14]

Fica evidente que as modernas Constituições européias, como a austríaca, a italiana e a alemã, adotaram um sistema de controle judicial certamente mais concentrado de constitucionalidade, como uma solução intermediária entre o sistema francês e o americano.Na Itália, como na Alemanha, diferentemente da Áustria, todos os juízes

[13] CAPPELLETTI. Ob. cit. p. 73.

[14] VILE. *Constitutionalism and the Separation of Powers*, p. 120/122, 199,263 e segs.

comuns, mesmo aqueles inferiores, encontrando-se diante de uma lei que eles considerem contrária à Constituição, em vez de serem passivamente obrigados a aplicá-la, têm, ao contrário, o poder-dever de submeter a questão da constitucionalidade à Corte Constitucional, a fim de que seja decidida por esta, com eficácia vinculante.O julgamento fica suspenso, enquanto a Corte Constitucional não tiver decidido a questão prejudicial da constitucionalidade.[15]

5. Os efeitos do controle da inconstitucionalidade

Nos Estados Unidos da América, por força do sistema da *common law*, o precedente de questão constitucional *incidenter tantum* , é declaratório e tem efeitos *erga omnes*, igual aos da nossa ação direta ao Supremo Tribunal Federal, que ao declarar a inconstitucionalidade da lei a retira do mundo jurídico com efeitos *ex tunc*.

No Brasil, por força da jurisdição legal, o controle no caso concreto ou incidental, tem eficácia interpartes e não é objeto do processo, ou seja, a pretensão não se dirige a declarar a inconstitucionalidade ou não da lei.

Para se obter esses efeitos, é necessário a submissão ao controle político do Senado Federal, que retira a lei de vigência e lhe dá, a partir daí, efeitos *erga omnes*.

No sistema austríaco, o controle assume eficácia constitutiva, com efeitos *ex nunc* da invalidade das leis que contrastam com a Constituição, pois não se admite qualquer retroatividade da eficácia da decisão.

Tanto na Itália como na Alemanha a sentença tem os mesmos efeitos que entre nós, que considera a ação direta declaratória com efeitos *erga omnes* e eficácia *ex tunc*.

---

[15] CAPPELLETTI, M. *La pregiudizialità costituzionale nel processo civile*. Milano: Giuffrè, 1957.

Nos EUA, na Alemanha e na Itália, as exigências práticas induziram a atenuar notavelmente a contraposta doutrina da eficácia *ex tunc*, ou seja, da retroatividade. Esta doutrina parte do pressuposto de que a lei inconstitucional seja, *ab origine*, nula e ineficaz. Isto significa que todo ato – privado, como, por exemplo, um contrato, ou público, como, por exemplo, um ato administrativo ou uma sentença – tenha se fundado nessa lei, está destituído de uma válida base legal.

Pode acontecer, que uma lei tenha sido, por muito tempo, pacificamente aplicada por todos, órgãos públicos e sujeitos privados: por exemplo, pode acontecer que um funcionário, eleito ou nomeado com base em uma lei muito tempo depois declarada inconstitucional, tenha longamente atuado em sua função; ou que o Estado, por muitos anos, tenha arrecadado um certo tributo ou, também, que uma pessoa tenha recebido uma pensão ou celebrado determinados contratos, sempre com base em uma lei posteriormente declarada inconstitucional, e assim por diante.

A questão é: terá nessas hipóteses efeitos retroativos?

Poderão ser destruídos, também, todos os efeitos que foram produzidos, sem uma válida base legal, por aqueles atos públicos ou privados que se fundaram na referida lei?

As cortes americana, italiana e alemã, as duas últimas expressamente, têm considerado que, sem embargo do trânsito em julgado da sentença penal condenatória, ninguém deva ser obrigado a cumprir uma pena que tenha sido imposta com fundamento em uma lei posteriormente declarada inconstitucional.

Em matéria civil, e às vezes em matéria administrativa, se tem preferido respeitar certos "efeitos consolidados", entre os quais emergem, em particular, os efeitos da coisa julgada, produzidos por atos fundados em leis depois declaradas contrárias à Constituição, e isso em consideração ao fato de que, de outra maneira, se teriam mais graves repercussões sobre a paz social, ou seja, sobre a exigência de um mínimo de certeza e de estabilidade das relações e situações jurídicas.[16]

Consideramos, de uma maneira geral, que os efeitos do ato jurídico, *lato sensu*, declarado nulo deve preservar apenas os efeitos da boa-fé entre as partes e terceiros. O ato nulo, embora não produza efeitos jurídicos de *per si*, pode produzir fatos jurídicos, e por conseguinte, vários atos decorrentes desse fato e fundados na boa-fé.

Bielsa, embora reconheça efeitos *ex tunc* ao ato nulo (sem efeitos desde que foi praticado), afirma a validade das permissões e autorizações dadas por funcionário ao particular de boa-fé.[17]

Portanto, devemos distinguir quando se trata de nulidade do ato jurídico, os efeitos próprios do ato, e as conseqüências da boa-fé.

Tudo aquilo que porventura, aparentemente, se extraia de um ato nulo, é bom que se diga, não é do ato em si, mas sim do fato que gera no mundo jurídico, e dos efeitos da boa-fé em virtude desse fato.

Todas as vezes que ocorrer a nulidade de um ato, a declaração de sua ineficácia não desconstitui a relação que porventura se tenha criado pela boa-fé. As relações, embora conexas, são distintas.O ato inexistente ou nulo, é captado como fato pelo ordenamento jurídico, pois é dele que deriva o ato de boa-fé que determinará a incidência da norma produtora de efeitos.

No caso da declaração de inconstitucionalidade da lei que embasou a prática do ato de interesse público ou privado, os efeitos *ex tunc* não desconsideram a boa-fé, e por tratar-se de lei que carrega sempre a presunção de legitimidade, deve somar-se a isso a importância da segurança das relações jurídicas no Estado de Direito.

---

[16] ENGELHART. *Das richterliche Prüfungsrecht*, p. 134 e segs.
[17] BIELSA. *Derecho Administrativo*, p. 87.

Esses fenômenos no mundo contemporâneo são dos mais fascinantes entre os institutos jurídicos que foram criados pelo engenho do homem.

A história da Humanidade tem procurado conciliar a antiga, profunda e sempre reemergente contraposição entre o direito natural e o direito positivo, entre a justiça e o direito, cuja relação dialética sempre tem constituído um fator vital da evolução jurídica. Enquanto o direito não estava incorporado todo na lei, podia-se considerar inválida a lei injusta. Depois, com a prevalência do "legalismo" sobre o "jusnaturalismo" dos séculos precedentes, surgiram, pelo menos, as premissas de um primeiro vastíssimo controle da legalidade (Cour de Cassation, Conseil d'Etat). Mas a exigência de uma justiça acima das leis, foi de imediato, se apresentando novamente, com mais concreta evidência, sob a forma de "Declarações de Direitos" e de "Constituições" tendo valor superior às próprias leis.É exatamente, na garantia de uma superior legalidade, que o controle judicial de constitucionalidade das leis encontra sua razão de ser: e trata-se de uma garantia que, por muitos, já é considerada como um importante, senão necessário, coroamento do Estado de Direito e que, contraposta à concepção do Estado absoluto, representa um dos valores mais preciosos do pensamento jurídico e político contemporâneo.

A Constituição pretende ser, no Direito moderno, uma forma legalista de superar o legalismo, um retorno ao jusnaturalismo com os instrumentos do positivismo jurídico.[18]

A norma constitucional, sendo também norma positiva, traz, em si, uma reaproximação do direito à justiça, porque norma naturalmente mais genérica, vaga, elástica, ela contém aqueles conceitos de valor que pedem uma atuação criativa, antes, acentuadamente criativa, e, porque tal, susceptível de adequar-se às mutações inevitáveis, do próprio valor.

[18] MATTEUCCI, Nicola. "Positivismo giuridico e costituzionalismo", in *Riv. Trim. dir e proc. civ.*, XVII (1963), p. 988.

Na verdade, na concepção moderna, a norma constitucional outra coisa não é senão a tentativa, talvez impossível, talvez "quixotesca", mas profundamente humana, de transformar em direito escrito os supremos valores, a tentativa de recolher, de definir, em uma norma positiva, o que, por sua natureza, não se pode recolher, não se pode definir: a liberdade.

A justiça constitucional é a garantia desta definição, mas é também ao mesmo tempo, o instrumento para torná-la aceitável, adaptando-a às concretas exigências de um destino de perene mutabilidade.

Para os fins desta "revitalização", desta "positivação" do Absoluto, o engenho criativo do homem descobriu, precisamente na justiça constitucional, o instrumento mais refinado, mais aperfeiçoado, embora sujeito, como todos os instrumentos humanos, a erros, variações, defeitos. Refletindo as características da norma constitucional, por cuja atuação concreta ela deve velar, a justiça constitucional, através de uma interpretação acentuadamente discricionária, mas nem por isso arbitrária, se faz a jurisdição de eqüidade constitucional,[19] confiada a um órgão soberano, composto de juízes independentes e imparciais, voltados para a humanização daquela Liberdade, para a concretização daqueles supremos valores que, encerrados e cristalizados nas fórmulas das Constituições, seriam fria e estática irrealidade. A justiça constitucional expressa, a própria vida, a realidade dinâmica, o vir a ser das "Leis Fundamentais".

[19] CAPPELLETTI. "L'attività e i poteri del giudice costituzionale", *apud O controle de constitucionalidade das leis no direito comparado*. Ob. cit. p. 130.

2
A questão da hierarquia das leis no sistema federativo

1. O fundamento de validade das leis

A Constituição é o ponto de partida de um processo de criação do Direito positivo. A *Grundnorm*, ou lei fundamental dos alemães, é a fonte comum de validade de todas as normas da mesma ordem normativa. Essa lei magna fornece o fundamento de validade, a legitimação e o processo para elaboração e o conteúdo dos preceitos que formam esse sistema infraconstitucional.

Afirma Kelsen, em sua *Teoria pura do direito,* que "a lei fundamental é o fundamento de validade de todas as outras pertencentes à mesma ordem jurídica, ela constitui a unidade na pluralidade destas normas. Esta unidade também se exprime na circunstância de uma ordem jurídica poder ser descrita em proposições jurídicas que se não contradizem".[1]

Esta unidade, a que se refere o mestre da Universidade de Viena, é a harmonia necessária ao equilíbrio entre as funções executiva e legislativa na elaboração de leis ou atos normativos, ou seja, normas de comportamento, que receberão seu fundamento de validade na lei fundamental.

---

[1] KELSEN, Hans. *Teoria pura do direito*. 4. ed. Coimbra: Antônio Amado — Editor, sucessor, p. 285.

Essa razão de validade pode se dar de duas formas. Ou provém de uma ordem jurídica anterior e nela encontra seu ponto de validade, como ato de vontade de um grupo humano movido por sentimentos de constituição de uma nação, a partir da existência dos elementos de formação de um Estado: povo e território. Ou pode ser expressão de ato de força manifestado por parcela minoritária dos integrantes do grupo, que coercitivamente impõe uma nova ordem jurídica a partir de uma revolução.

2. A teoria da recepção

Em quaisquer dessas hipóteses, entretanto, todas as normas que não se confrontarem com a nova ordem estabelecida são consideradas válidas pelo princípio da recepção, ou seja, a norma anterior que não se contraponha ao novo ordenamento é tida em vigor e deve ser observada. As contrárias devem ser tidas como revogadas.

3. O conflito de normas

Mas é importante notar que uma norma pode determinar certa conduta como devida, e outra determinar também como devida outra conduta, inconciliável com aquela. Nesses casos, na nossa modesta opinião, os conflitos de normas não se resolvem, apenas, pela via da interpretação como veremos adiante.[2]

Ou mesmo pelo princípio de que *Lex posterior derogat priori*, expresso no art. 2° da Lei de Introdução do Código Civil, que afirma:

---

[2] Afirma Kelsen que os princípios lógicos, e particularmente o princípio da não-contradição, são aplicáveis a afirmações que podem ser verdadeiras ou falsas; e uma contradição lógica entre duas afirmações consiste em que apenas uma ou a outra pode ser verdadeira, que, se uma é verdadeira, a outra tem que ser falsa. Uma norma, porém, não é verdadeira nem falsa, mas válida ou não-válida (p. 286).
Os conflitos de normas no material normativo que lhe é dado podem e devem necessariamente ser resolvidos pela via da interpretação (p. 286).

Art. 1°. Não se destinando à vigência temporária, a lei terá vigor até que outra a modifique ou revogue.

§ 2°. A lei posterior revoga a anterior quando expressamente o declare, quando seja com ela incompatível ou quando regule inteiramente a matéria de que tratava a lei anterior.

Ou, ainda, o de que a *Lex especiale derrogat legi generali*, conforme determina o parágrafo 2° do mesmo artigo.

§ 2°. A lei nova que estabeleça disposições gerais ou especiais a par das já existentes, não revoga nem modifica a lei anterior.

Pois esses dois princípios se aplicam aos conflitos intertemporais de leis, a que se submete também a teoria da recepção.

A interpretação apenas busca contradições entre preceitos para esclarecer onde reside a verdade.

Questão anterior à utilização de todos eles, é saber se o órgão ou o ente político do qual emanou o preceito, tem legitimidade para elaborá-lo sobre aquela matéria, ou se existe limitação na *Grundnorm* que dá validade a todas as leis dessa mesma ordem normativa.

Quando Kelsen afirma que a norma superior está em relação à inferior que nela encontra seu fundamento de validade, me parece referir à hipótese de um Estado unitário descentralizado, ou para o nosso caso, ao âmbito interno da União, Estado, Distrito Federal e Município, posto que, em um Estado federal como o nosso, a Lei magna estabelece verdadeiro espaço de competência para elaboração de normas de conduta de acordo com a distribuição aos entes federados e suas respectivas funções executiva e legislativa ou a quaisquer outras funções essenciais do Estado como o Judiciário e o Ministério Público, quando da utilização do espaço de regulamentação normativa *interna corporis* determinado na lei fundamental.

Portanto, todas essas assertivas devem se coadunar à espécie de Estado estabelecida com a Constituição.

Num Estado Federal, por exemplo, a divisão de competências determina apenas espaço hierárquico de elaboração normativa entre a União e os demais entes federados, pela maior atribuição de matérias para o exercício de suas competências legislativas privativas e concorrentes, apenas aí, ao contrário de um Estado unitário descentralizado, onde não é atribuída autonomia legislativa plena às comunas, como é o caso da Áustria, pátria de Kelsen. No mais, as ordens jurídicas se estabelecem num mesmo plano, posto que a invasão de espaço de competência legislativa de um pelo outro determinará a inconstitucionalidade, independente da parcela maior ou menor de distribuição legislativa deferida.[3]

---

[3] Segundo Celso Ribeiro Bastos, Estado Unitário é aquele em que a Constituição prevê um único núcleo galvanizador do poder político, e a descentralização que nele ocorre é meramente administrativa. Estado Unitário descentralizado é o mesmo Estado Unitário, quando nele se verifica, além da descentralização administrativa, a política.
O tipo federal de Estado dá lugar à incidência, sobre um mesmo território e uma mesma população, de duas ordens estatais diferentes: a do Estado Federal e a dos Estados Federados. Esta simultaneidade de governos diversos sobre a mesma coletividade é tornada viável, em termos práticos, por uma rígida divisão ou repartição constitucional de competência, de modo a não ensejar o conflito de pretensões contraditórias entre os ordenamentos gerais e os parciais. (*Curso de direito constitucional,* p. 97 e 98). Para Manoel Gonçalves Ferreira Filho, Estado Unitário existe sempre que a descentralização nele existente (administrativa, legislativa e/ou política esta à mercê do Poder Central. Este, por decisão sua (em geral por forma de lei), pode suprimir essa descentralização, ampliá-la, restringi-la, etc.
Chama-se Estado Unitário descentralizado, uma modalidade de Estudo Unitário, em que existe descentralização política.
No Estado Federal o poder de dispor obrigatoriamente (a competência) é partilhado entre a União (O Poder Central) e os Estados (O poder regional). Excepcionalmente com poderes locais — Municípios.
Essa partilha dá-se por duas técnicas principais: uma, a da reserva de matérias a União ou aos Estados, daí competências reservadas ou exclusivas da União ou dos Estados. Neste caso, somente quem recebeu a competência pode dispor sobre a matéria, com exclusão de qualquer outro. Daí, por exemplo, o poder constituído da União não poder invadir a esfera de competência dos Estados, sob pena de inconstitucionalidade (*Curso de direito constitucional,* p. 42 e 43).
A primeira notícia histórica de uma federação nos é dada pelos povos do antigo Lácio, antes mesmo da constituição de Roma. O Lácio não tinha cidades nos primeiros séculos da sua história; os seus habitantes, nota Varrão (116-27), moravam em cabanas e não sabiam o que era uma parede ou porta. A população aglomerava-se em

No nosso caso, a descentralização político-administrativa da República Federativa do Brasil, que se forma pela união indissolúvel dos Estados e Municípios e do Distrito Federal (art. 1°), obedece a esferas de competência legislativa, onde à União é reservado um campo privativo (artigo 22 e incisos). Ou, uma esfera de competência legislativa concorrente, onde também lhe é conferido o poder de estabelecer normas gerais, não excluindo a competência suplementar dos Estados, e prevendo a hipótese de, no âmbito desta competência, não havendo norma federal limitativa, a possibilidade dos Estados a exercerem plenamente.

A superveniência de lei federal sobre normas gerais suspende a eficácia da lei estadual no que lhe for contrário. Tudo nos termos do art. 24, parágrafos, 1º, 2º e 3º.

Entre nós, é ainda reservada aos Estados competência legislativa residual ou remanescente para tudo que não lhes for vedado pela Constituição (art. 25 e parágrafo 1º).

---

geral em aldeias-refúgio (*óppida*), localizadas nas eminências dos montes, já para evitar a malária endêmica nos pântanos da planície latina, já para melhor se defender contra ataque dos vizinhos. Essas aldeias-refúgios viviam privativamente em regime separatista; porém mais tarde, sob a pressão de necessidades militares e econômicas, apareceu entre os povos do Lácio a noção de liga e formaram-se federações a princípio parciais ou locais e depois mais ou menos gerais.

A mais importante delas era a Liga Albana, constituída por cerca de quarenta povos do Lácio em torno de Alba Longa, sob a forma de uma federação única, que absorveu as ligas locais anteriores. Sob a ação da Liga Albana a geografia do Lácio, instável e movediça, começou a fixar-se. Uma rede de postos avançados guarnecia-lhe os limites para garanti-los contra as incursões dos povos vizinhos. Entre esses postos avançados destacava-se a colônia albana estabelecida na eminência ocidental do Palatino (Gérmalo) e que será a **Roma quadrata** da tradição, núcleo da futura cidade. Determinou-lhe a fundação, no século X, uma necessidade militar estratégica: defender o país contra os etruscos, que, tendo desembarcado pouco antes na costa do mar Tirreno, ocuparam a região entre o Arno e o Tibre e ameaçavam a fronteira setentrional do Lácio. Entre as outras colinas à esquerda do Tibre (Aventino, Célio, Esquilino, Viminal, Quirinal e Capitólio) nenhuma oferecia condições mais favoráveis para o objetivo visado do que o Palatino. Por outro lado, a sua posição em frente à ilha do Tibre, onde a passagem do rio era mais fácil, o indicava para ser um posto de observação de primeira ordem; por outro lado, o escarpado das suas vertentes e a presença de pântanos-fosso natural em torno do monte davam-lhe o máximo poder defensivo (Mattos Peixoto. *Curso de direito romano*, p. 29/30).

No âmbito dos Municípios e do Distrito Federal, hoje integrantes da Federação (art. 1°), a organização desses entes políticos se dá por lei orgânica elaborada nos termos da Constituição e obedecidos os princípios que estabelece (arts. 29 e incisos e 32 e parágrafos). Sendo que, ao Distrito Federal, há uma cumulação de competências legislativas reservadas aos Estados e Municípios (parágrafo 1° do art. 32). A estes, particularmente, cabe, após instituídos pela lei orgânica de acordo com essa compatibilidade vertical estabelecida pela Constituição, legislar sobre assuntos de interesse local, complementando a legislação federal e a estadual no que couber (arts. 29 e 30, incisos I e II).

Dito isso, é forçoso concluir, que a expressão *hierarquia das leis* deve ser tomada com reservas, pois pode conduzir a uma falsa idéia de que existe realmente ordem hierárquica entre as diversas espécies normativas objeto do nosso processo legislativo. Isto, em verdade, só ocorre, se considerarmos o fato da maior ou menor esfera de competências legislativas conferidas aos diversos entes federados, estabelecendo uma competência vertical, o que não tem nada a ver com o grau de importância da espécie normativa, posto que a todos: União, Estados, Distrito Federal e Municípios, é cometido, apenas, esfera de competência legislativa.

Não há, por exemplo, espaço reservado à Lei Complementar, sujeito *a quorum* qualificado, como veremos adiante, para os demais entes federados, como ocorre com as matérias de competência da União.

O fato de a lei complementar federal invadir espaço de competência legislativa reservado à lei ordinária estadual, não lhe retira a eiva de inconstitucionalidade, por ser hipótese legislativa proveniente de ente com maior atribuição normativa e sujeita a votação por maioria absoluta, pois vai de encontro à esfera de autonomia do Estado membro conferida na lei maior.

É importante notar que o que confere maior *status* normativo às hipóteses legislativas dos entes federados é o grau de maior ou menor dificuldade de aprovação no órgão político, podendo ocorrer que, nas ditas "Constituições Estaduais", se determine matérias afetas a esta ou àquela espécie legislativa à semelhança do que ocorre com a União, o que mais uma vez determinará compatibilidade vertical de competências por *quorum* de votação, não por hierarquia de importância pela espécie normativa, pois a invasão de esfera de competência determinará, no âmbito do Estado membro, a inconstitucionalidade da lei.

Um exemplo elucidará melhor a questão. Suponhamos que no âmbito do Estado membro se atribua a uma lei que convencionou-se chamar de complementar, a possibilidade de, por iniciativa do Governador, dispor sobre a criação ou supressão de órgãos do Poder Judiciário Estadual, sujeitando-a a *quorum* qualificado de votação.

Tal dispositivo é constitucional? É evidente que não, pois contraria o princípio da independência e harmonia dos poderes expresso no art. 2° da Constituição da República e o seu art. 96 que determina:

Art. 96. Compete privativamente:

I – aos tribunais:

a) eleger seus órgãos diretivos e elaborar seus regimentos internos, com observância das normas de processo e das garantias processuais das partes, dispondo sobre a competência e o funcionamento dos respectivos órgãos jurisdicionais e administrativos;

Portanto, o *status* ilegal de *quorum* qualificado não é maior do que o espaço normativo de competência estabelecido com a Lei Magna, que confere iniciativa privativa ao Poder Judiciário para dispor sobre a matéria.

Suponhamos, ainda, que esta lei qualificada disponha sobre organização de um determinado município.Tal assunto tem natureza de interesse local, o que determina sua inconstitucionalidade, nos termos do art. 30, inciso I, da Constituição da República, que compete ao município o poder de legislar sobre assunto de interesse local".

Portanto, a chamada hierarquia das leis não pode determinar-se pela espécie normativa como nos parece dar a entender Kelsen em sua *Teoria pura do direito.* E, nem mesmo a por alguns chamada hierarquia vertical de competências, confere grau de importância normativa à espécie legislativa. Em verdade, todo o poder e autoridade em um Estado Federativo advém da observância do espaço de competência normativa atribuído a qualquer ente federado pela Constituição da República Federativa do Brasil, independente de seu maior ou menor grau de atribuições, e se dará por dois critérios: em razão da matéria e da iniciativa para deflagrar o processo legislativo.[4]

Ao contrário de Kelsen, entendemos que todas as leis retiram sua força da Constituição, e não da lei imediatamente superior dentro de uma estrutura escalonada, como afirma o mestre de Viena.

Entretanto, devemos reafirmar que a assertiva pode ser verdadeira em uma espécie de Estado Unitário Descentralizado, onde ao poder central seja atribuída a faculdade de ampliar ou restringir

---

[4] A jurisprudência do Supremo Tribunal Federal atualmente é contrária a sua Súmula n° 5 que estabelece:
A sanção do projeto supre a falta de iniciativa do Poder Executivo.
Na representação de inconstitucionalidade n° 1.514 (liminar da RTJ 126/81), relator o Ministro Aldir Passarinho, ficou assentado que a sanção de projeto de lei não tem o condão de suprir a falta de iniciativa, valendo a transcrição de trechos do acórdão que afirmam:
"A sanção do projeto, verificada na espécie, não tem o efeito de suprir a falta de iniciativa não mais prevalecendo a Súmula n° 5, que traduzia a jurisprudência predominante do Supremo Tribunal Federal no regime da Constituição de 1946.
....
....
Sob a Constituição de 1946 era admissível a interpretação adotada pela súmula. Se a Constituição apenas reconhecia uma prerrogativa do Poder Executivo, não se deveria recusar a este a faculdade de renunciar, o que estaria implícito na concordância posterior, capaz de convalidar a falta de iniciativa.
Mas isto a vigente Constituição não mais permite, de vez que, deliberadamente, expressamente, claramente quis vedar uma exegese que bem ou mal, considerou nociva, e por isso impôs proibição intransponível pela doutrina que inspirou a Súmula 5, no regime da Constituição de 1946 (Decisão unânime — *RTJ* 127/ 81 3).
No mesmo sentido RTJ 69/625, RTJ 72/329 e RE 119.103, Rel. Min.Octávio Gallotti — DJ 23.2.90.

o âmbito da descentralização conferida, criando verdadeiro escalonamento entre as ordens delegante e delegada.

O art. 59 da Constituição da República estabelece que o nosso processo legislativo compreende a elaboração de:

> *I – emendas à Constituição;*
> *II – leis complementares:*
> *III – leis ordinárias;*
> *IV – leis delegadas:*
> *V – medidas provisórias;*
> *VI – decretos legislativos;*
> *VII – resoluções.*

Em verdade, como vimos, a única lei hierarquicamente superior a todas as demais é a Constituição da República Federativa do Brasil. Esta sim, por ser a lei fundamental do Estado, submete todas as normas infraconstitucionais a um espaço de validade predeterminado à ordem jurídica estabelecida.

Subordina ainda as emendas ao seu texto a algumas limitações, como veremos adiante.

A questão primordial é portanto a seguinte: antes de interpretar-se a lei, verificar-se se é anterior ou posterior à que confronta ou mesmo se é geral ou especial em relação à mesma, devemos nos perguntar. Quem elaborou a lei ou deflagrou seu processo legislativo tinha competência constitucional para fazê-lo? Ou, ao fazê-lo, podia tratar sobre aquele assunto, ou o mesmo é reservado à União privativamente, ou por exemplo à matéria afeta a lei complementar?

4. Emendas à Constituição

A emenda à Constituição é forma de alteração de preceito da Lei Maior, e uma vez incorporada ao seu texto, passa a figurar no vértice do ordenamento jurídico com superioridade sobre todas as demais hipóteses legislativas. Mas, para que isto ocorra, terão de ser observadas as limitações formais de legitimidade para iniciativa impostas pela Lei Maior, bem como o *quorum* e o procedimento para sua aprovação.

4-a. Limitação formal

Dentro de uma análise formal do procedimento de emendas, tem de ser observado que a iniciativa é deferida:

1º) a no mínimo um terço dos membros da Câmara dos Deputados ou do Senado Federal (art. 60, inc. I);
2º) ao Presidente da República ou de mais da metade das Assembléias Legislativas das unidades da Federação, manifestando-se, cada uma delas, pela maioria relativa de seus membros (incisos II e III do art. 60).[5]

A proposta tem de ser discutida e votada em cada Casa do Congresso Nacional, em dois turnos, considerando-se aprovada se obtiver, em ambos, três quintos dos votos dos respectivos membros (§ 2°).

Deve ainda ser promulgada pelas Mesas da Câmara dos Deputados e do Senado Federal com o respectivo número de ordem (§ 30).

4-b. Limitações temporais e substanciais

Devem ser observadas, ainda, duas limitações impostas quanto ao tempo e ao conteúdo.

A limitação temporal impede emendas à Constituição na vigência de intervenção federal ou de estado de sítio (§ 1° do art.

---

[5] José Afonso da Silva entende que o povo tem também a atribuição de propor emendas à Constituição, com base no art. 1°, parágrafo único, em combinação com o art. 61, par. 2º, posto que todo o poder emana do povo. *Direito constitucional positivo*, p. 57.

60), bem como que a matéria constante de proposta de emenda rejeitada ou havida por prejudicada possa ser objeto de nova proposta na mesma sessão legislativa (§ 5°).

A substancial impossibilita que seja objeto de deliberação proposta de emenda tendente a abolir:

a) a forma federativa de Estado, o que submete também todas as demais hipóteses legislativas a respeitar a distribuição de funções legislativas, executivas e judiciárias a todos os entes federados, bem como a repartição de legitimações ativas para titularidade de créditos tributários distribuídos às unidades da Federação (arts. 153, 155 e 156). Tudo expressão do princípio da autonomia;

b) o voto direto, secreto, universal e periódico, que traduz o meio de realização do regime político democrático (art. 1°);

c) a separação dos poderes, de forma a assegurar que cada função possa fiscalizar as outras, trazendo o equilíbrio da propalada doutrina dos freios e contrapesos;

d) os direitos e garantias individuais, constantes do capítulo I do Título II, que envolve todos os incisos do art. 5°, funcionando como um dique de proteção da pessoa contra o extravasamento do órgão do legislativo, do Executivo ou do Judiciário.

São as chamadas cláusulas pétreas.

A inobservância das limitações substancial (art. 60, § 40 e incs.) e temporal (art. 60, § 1°), bem como as formais do art. 60, incs. I, II, III e §§ 2° e 3º, determinarão a inconstitucionalidade da emenda.

É de se notar, ainda, que as emendas são manifestações de poder constituinte do Congresso Nacional, só se submetendo às limitações da Lei Magna, não cabendo, por isso mesmo, o controle político do Presidente da República por meio de sanção ou veto, pois tal interferência feriria o princípio da separação dos poderes do Estado.

5. Lei complementar

A lei complementar, como o nome está dizendo, é instrumento de complementação de dispositivos constitucionais de eficácia limitada e contida.[6]

É lei nacional, que se limita a estabelecer as normas gerais que deverão ser seguidas pela legislação ordinária.

A matéria que será objeto da lei complementar está determinada na própria Constituição, que também estabelece, a *contrario sensu,* quais os limites de sua incidência, pois ao determinar quais assuntos serão objeto desta hipótese legislativa, lhe exclui a possibilidade sobre os demais.

Serve às hipóteses de regulamentação das matérias de que tratam os artigos: 149; 22, p.u; 23, p.u; 40 § 1°; 59; p.u; 69; 93, *caput;* 128 § 5°; 134, p.u; 142, § 1º; 24, §§ 1º, 2°, 3º e 4°; 146; 148; 154, inc. I; 155, inc. X, letra "a" e inc XII; 156, § 4º; 161.

---

[6] José Afonso da Silva salienta em sua monografia: "A aplicabilidade das normas constitucionais", que aplicabilidade é "a qualidade daquilo que é aplicável". Afirma que são aplicáveis todas as normas constitucionais, pois são dotadas de eficácia jurídica. Agrupa as normas constitucionais quanto à sua eficácia da seguinte forma:
a) Normas **Constitucionais de Eficácia Plena**: são aquelas de aplicabilidade imediata, direta, independendo de legislação posterior para sua inteira operatividade. Desse teor é a norma do art.1° da Carta Constitucional: "A República Federativa do Brasil, formada pela união indissolúvel dos Estados e Municípios e do Distrito Federal, constitui-se em Estado Democrático de Direito e tem como fundamentos..." Como a do art. 2°: "São Poderes da União, independentes e harmônicos entre si, o Legislativo, o Executivo e o Judiciário".
b) Normas **Constitucionais de Eficácia Contida**: são aquelas que têm aplicabilidade imediata, integral, plena, mas que podem ter reduzido seu alcance pela atividade do legislador infraconstitucional. Por isso mesmo, aliás, preferimos *denominá-las de normas constitucionais de eficácia redutível ou restringível.* Desse teor é o preceito do art. 5°, XIII: "É livre o exercício de qualquer trabalho, ofício ou profissão, atendidas as qualificações profissionais que a lei estabelecer".
O dispositivo é de aplicabilidade plena, mas sua eficácia pode ser reduzida, restringida, nos *casos e na forma que a lei estabelecer.* Enquanto não sobrevém a legislação restritiva, o princípio do livre exercício profissional é pleno.
c) Normas **Constitucionais de Eficácia Limitada**: são aquelas que dependem "da emissão de uma normatividade futura, em que o legislador ordinário, integrando-lhes a eficácia, mediante lei ordinária, lhes dê capacidade de execução em termos de regulamentação daqueles interesses visados.

Quando elaborada pelo Congresso Nacional, subordina as demais ordens jurídicas: federal, estadual, do distrito federal e municipal.[7]

Mas, não é hierarquicamente superior às demais espécies normativas, pois sua validade decorre e é delimitada na Lei Maior.

Assim, a utilização da lei complementar em matéria que não lhe é reservada, fará com que esta seja recebida no ordenamento jurídico como lei ordinária federal, passível de revogação com *quorum* simples. Também, o emprego de outras espécies legislativas em campo reservado à lei complementar acarreta a inconstitucionalidade. Diga-se, inconstitucionalidade por infringência de preceito da Lei Magna, não pelo fato de esta forma legislativa ser hierarquicamente superior à lei ordinária, pois se assim o fosse, o simples fato de a matéria haver sido tratada por lei complementar impediria a revogação por lei ordinária.

A primeira hipótese se dá, face ao *quorum* de maioria absoluta que lhe é imposto, mais qualificado do que o de maioria simples exigido para as demais leis (art. 69). Assim, o fato de a vota-

---

São divididas em **normas de princípio institutivo e normas de princípio programático**. Ambas de eficácia limitada. As primeiras são as que dependem de lei para dar corpo a instituições, pessoas, órgãos, previstos na norma constitucional. Desse teor é a prescrição do art. 18, § 3°, da Constituição da República: "Os Estados podem incorporar-se entre si, subdividir-se ou desmembrar-se para se anexarem a outros, ou formarem novos Estados ou Territórios Federais, mediante aprovação da população diretamente interessada, através de plebiscito, e do Congresso Nacional, por lei complementar.

As **programáticas** são as que estabelecem programa constitucional a ser desenvolvido mediante legislação integrativa da vontade constituinte. Desse teor é a norma do art. 205: "A educação, direito de todos e dever do Estado e da família, será promovida e incentivada com a colaboração da sociedade, visando o pleno desenvolvimento da pessoa, seu preparo para o exercício da cidadania e sua qualificação para o trabalho".

São normas dotadas de eficácia jurídica porque têm efeito de impedir que o legislador comum edite normas em sentido oposto ao direito assegurado pelo Constituinte, antes mesmo da possível legislação integrativa que lhe dê plena aplicabilidade". *A aplicabilidade das normas constitucionais*, p. 158 e segs.

[7] GUASQUE, Denise Freitas Fabião. Apostilas CEPAD. Centro de Estudos Pesquisa e Atualização em Direito.

ção de maioria absoluta exigir mais da metade dos membros do Congresso, e não apenas mais da metade dos presentes à sessão, possibilita a validade da lei complementar que extravase seu campo de incidência, inviabilizando o contrário.

Como vimos anteriormente, a afirmação de Kelsen da existência de uma estrutura escalonada da ordem jurídica, deixa a falsa impressão da existência de uma disposição de importância entre as diferentes espécies normativas, ocorrendo em verdade, espaços de validade, de uma ordem jurídica disposta no mesmo plano, que impõe à União, aos Estados, Distrito Federal e Municípios a observância, pelo menos, no nosso caso, dos espaços de competência normativa para edição de normas de comportamento, sob pena de inconstitucionalidade.[8]

5-a. Distinção com a lei ordinária

O que distingue a lei complementar da lei ordinária é:

1°) a lei ordinária federal cuida só das matérias de interesse da União, como ente político integrante da Federação, dentro de sua competência legislativa privativa (art. 22) e concorrente (art. 24);

---

[8] Afirma Kelsen que "a norma que regula a produção é a norma superior, a norma produzida segundo as determinações daquela é a norma inferior. A ordem jurídica não é um sistema de normas jurídicas ordenadas no mesmo plano, situadas umas ao lado das outras, mas é uma construção escalonada de diferentes camadas ou níveis de normas jurídicas. A sua unidade é produto da conexão de dependência que resulta do fato de a validade de uma norma, que foi produzida de acordo com outra norma, se apoiar sobre essa outra norma, cuja produção, por seu turno, é determinada por outra; e assim por diante, até abdicar finalmente da norma fundamental-pressuposta. A norma fundamental-hipotética, nestes termos — é, portanto, o fundamento de validade último que constitui a unidade desta interconexão criadora (ob. cit., p. 310). Uma ordem jurídica é um sistema de normas gerais e individuais que estão ligadas entre si pelo facto de a criação de toda e qualquer norma que pertence a esse sistema ser determinada por uma outra norma do sistema e, em última linha, pela sua norma fundamental. Uma norma somente pertence a uma ordem jurídica porque é estabelecida de conformidade com uma outra norma desta ordem jurídica. Por esta via, somos reconduzidos finalmente à norma fundamental, que já não é estabelecida de confor-

2°) o *quorum* para a aprovação da lei complementar é de maioria absoluta (art. 69);

3°) a lei complementar não se submete à competência concorrente, por ser uma lei nacional, para matéria específica já determinada;

4°) a lei complementar visa a regulamentar os dispositivos que o legislador constituinte taxativamente determinou no seu texto.

6. Lei ordinária

A lei ordinária é a regra de espécie normativa deferida aos órgãos legislativos dos entes federados. Por meio dela poderão dispor, dentro da esfera de competência em consonância com a forma de federalismo brasileiro, sobre todas as matérias que não sejam reservadas a outras espécies legislativas.

6-a. Espaço de validade

Pode ela ser federal, estadual, do distrito federal ou do município, e tem um campo de validade determinado em *razão da matéria* de que deve tratar ou da *esfera de competência legislativa* que é atribuída ao ente federado. Estas esferas têm consonância com a forma de Estado Federativo Brasileiro, que ao estabelecer em sua repartição de competências legislativas parâmetros em razão da matéria, para sua distribuição aos entes federados União, Estados, Distrito Federal e Municípios, delimita espaços de eficácia normativa às leis ordinárias de competência da União e dos demais integrantes de Federação.

---

midade com a determinação de uma outra norma e que, portanto, tem de ser pressuposta" (p. 324).

A afirmação é correta para a hipótese de Estado unitário descentralizado, onde a descentralização legislativa está à mercê do Poder Central, como vimos, sendo ainda verdadeira no âmbito interno da repartição de competências legislativas dos entes federados, pois nestes, sim, ocorre verdadeiro espaço hierárquico de poder regulamentar.

Assim, por exemplo, à União é reservado um campo de competência privativa para as matérias discriminadas no art. 22, que serão elaboradas por lei ordinária federal.

Uma esfera de competência concorrente com os Estados e Distrito Federal para as hipóteses dos incisos do art. 24, no âmbito de edição de normas gerais, que não exclui a suplementar dos Estados, conforme os parágrafos 1° e 2°.

Essa supletividade dos Estados determina que a inexistência de lei federal sobre normas gerais lhes possibilita o exercício da competência legislativa plena para atender às suas peculiaridades (§ 3°).

Mas, em observância a esse parâmetro da lei ordinária federal, no que respeita a normas gerais dentro da competência concorrente, a superveniência de lei federal sobre normas gerais suspende a eficácia da lei estadual e do Distrito Federal no que lhe for contrário (§ 4°).

Aos Municípios compete, além de legislar sobre assuntos de interesse local (art. 30. inc. I), suplementar a legislação federal ou estadual no que couber (inc. I), além de outras competências legislativas determinadas nos demais incisos do artigo citado.

Dentro do âmbito de validade em razão da matéria, o constituinte originário reservou à lei ordinária federal, entre outras hipóteses, a possibilidade de fixar ou modificar os efetivos das Forças Armadas; dispor sobre a criação de cargos, funções ou empregos públicos na administração direta e autárquica ou aumento de sua remuneração; a organização administrativa e judiciária, matéria tributária e orçamentária, serviços públicos e pessoal da administração dos Territórios; servidores públicos da União e Territórios, seu regime jurídico, provimento de cargos, estabilidade e aposentadoria de civis, reforma e transferência de militares para a inatividade; organização do Ministério Público e da Defensoria Pública dos Estados, do Distrito Federal e Territórios (Lei 8.625/93); criação, estruturação e atribuições dos Ministérios e órgãos da administração pública. Todas leis de competência privativa do Presidente da República, conforme o art. 61, parágrafo 1° e incisos da Constituição. Foi reservada ainda, expressamente à lei ordinária federal, a organização do Poder Judiciário e do Ministério Público, a carreira e a garantia de seus membros; nacionalidade, cidadania, direitos individuais, políticos e eleitorais; planos plurianuais, diretrizes orçamentárias e orçamentos (art. 68, § 1° e incisos).

Quando a Constituição da República determina que as matérias supra-referidas sejam objeto desta forma legislativa, expressa a intenção do constituinte que:

1°) se submetem a *quorum* de aprovação de maioria simples (art. 47);

2°) façam parte da competência concorrente de função legislativa a todos os entes federados (art. 24 e parágrafos), a que não se submetem a lei complementar nem as leis ordinárias privativas da União, pois a exceção só se dá para normas gerais, conforme os parágrafos do art. 24 que determinam:

Art. 24. Compete à União, aos Estados e ao Distrito Federal legislar concorrentemente sobre:

§1º. No âmbito da legislação concorrente, *a competência da União limitar-se a estabelecer* normas gerais.

§ 2º. A competência da União para legislar sobre normas gerais não exclui a competência suplementar dos Estados.

§ 3°. Inexistindo lei Federal sobre normas gerais, os Estados exercerão a competência legislativa plena, para atender suas peculiaridades.

§ 4º. A superveniência de lei federal sobre normas gerais suspende a eficácia da lei estadual, no que lhe for contrário.

3°. possam ser objeto de delegação legislativa (art. 68) que não admite emendas (§ 3°);[9]

---

[9] Art. 68. As leis delegadas serão elaboradas pelo Presidente da República, que deverá solicitar a delegação ao Congresso Nacional.
§ 1º. Não serão objeto de delegação os atos de competência exclusiva do Congresso Nacional, os de competência privativa da Câmara dos Deputados ou do Senado Federal, a matéria reservada à lei complementar, nem a legislação sobre:
I – organização do Poder Judiciário e do Ministério Público, a carreira e a garantia de seus membros;

4º. sua iniciativa respeite o princípio da independência dos poderes (art. 2°), ou melhor, das funções essenciais da soberania, não permitindo que sua organização como o Judiciário e o Ministério Público, a carreira e a garantia de seus membros , possam ser objeto de lei delegada;

Nas matérias privativas de que trata o art. 22 e seus incisos, a lei ordinária é exclusiva da União e qualquer disposição de ente federado que invada a competência em razão da matéria, será inconstitucional, por invasão de reserva legislativa própria do Estado Federativo.

7. Lei delegada

A lei delegada é uma espécie normativa elaborada pelo Presidente da República, que recebe para tanto competência do Congresso Nacional através de resolução. Esta é solicitada pelo chefe do Executivo, que pode recebê-la ou não por decisão do Congresso Nacional (art. 68).

É o exercício de uma função anômala do executivo, que na hipótese funciona como órgão legislativo.

Por esta razão não podem ser objeto de delegação os atos de competência exclusiva do Congresso Nacional e os de competência privativa da Câmara dos Deputados ou do Senado Federal.

Como referimos, algumas matérias são constitucionalmente reservadas à lei ordinária, sendo que essa é a regra de espécie normativa quando a matéria não é reservada a lei complementar ou é ato próprio de alguma função da soberania (§ 1°, incisos I, II e III).

II – nacionalidade, cidadania, direitos individuais, políticos e eleitorais;
III – planos plurianuais, diretrizes orçamentárias e orçamentos.
§ 2º. A delegação ao Presidente da República terá a forma de resolução do Congresso Nacional, que especificará seu conteúdo e os termos de seu exercício.
§ 3º. Se a resolução determinar a apreciação do projeto pelo Congresso Nacional, este a fará em votação única, vedada qualquer emenda.

Mas, por ser exceção ao princípio da divisão dos poderes, a resolução deve especificar o conteúdo e os termos do exercício da delegação, e ainda, a forma de aprovação pelo Congresso Nacional, pois pode este reservar-se o poder de apreciar o projeto ou não, como indica o § 3° com a expressão: "se a resolução determinar...". Mas, mesmo nesta hipótese, é vedada qualquer emenda à lei delegada. Ou o órgão legislativo delegante aprova totalmente ou a rejeita por completo.

É hipótese normativa que deve ser usada para a elaboração de códigos de direito material ou de processo, onde a aprovação de emendas pode inviabilizar o projeto de lei como ocorreu com o Código Penal de 1969.

Vale a advertência de que a delegação legislativa não é poder regulamentar. Ela propicia a prática de ato normativo primário, ou seja, lei. O poder regulamentar é ato administrativo, que não cria, modifica ou extingue direitos, haja vista que no nosso ordenamento só se admitem regulamentos de execução conforme o art. 84, inc. IV, da Constituição da República.

Por ser elaborada pelo chefe do Executivo, a lei delegada não comporta sanção.

8. Medida provisória

A medida provisória é uma espécie normativa do Poder Executivo que se reveste de força, eficácia e valor de lei. Não se confunde com a lei, embora transitoriamente se ache investida de igual autoridade. A cláusula "com força de lei" empresta à medida provisória o sentido de equivalência constitucional com as leis.

É o exercício de uma função anômala do chefe do Executivo constituindo exceção derrogatória do princípio constitucional da separação dos poderes (art. 60, § 4°, inc. III), pois ao Presidente é atribuída a possibilidade de editar leis sem limitações.

8-a. Origem

Sua origem é italiana. Nasceu da necessidade de um Prefeito que, ao encontrar-se em estado de emergência, e tendo de tomar medidas legislativas urgentes, foi forçado a editar uma lei que seria apreciada pelo Legislativo, o qual a poderia rejeitar ou não.

Como está na Constituição da Republica de 1988, é uma forma de delegação de funções, agora com as limitações do parágrafo 1º e incisos do art. 62, instituídas com a Emenda Constitucional nº 32 , de 11 de dezembro de 2001, que veda a edição desta espécie normativa sobre matéria relativa a:

a) nacionalidade, cidadania, direitos políticos, partidos políticos e direito eleitoral, todos direitos inerentes à cidadania, a que o Constituinte originário concedeu o remédio do mandado de injunção, para dar eficácia ao seu exercício, na ausência de norma regulamentadora;

b) direito penal, processual penal e processual civil, de competência privativa da União para legislar, nos termos do art. 22, inc. I, da Constituição da República;

c) organização do Poder Judiciário e do Ministério Público, a carreira e a garantia de seus membros, pois, tratando-se de outras funções essenciais à soberania do Estado, seria intromissão que feriria o princípio da independência e harmonia dos poderes, cláusula pétrea nos termos do art. 60, § 4º, da Constituição da República;

d) planos plurianuais, diretrizes orçamentárias, orçamento e créditos adicionais e suplementares, ressalvado o previsto no art. 167, § 3º, o que possibilita a medida provisória para abertura de crédito extraordinário para atender despesas imprevisíveis e urgentes, como as decorrentes de guerra, comoção interna ou calamidade pública, devendo o Presidente submetê-las imediatamente ao Congresso Nacional. Todas hipóteses de caso fortuito e força maior, ou seja, imprevisibilidade ou inevitabilidade da situação, respectivamente, o que traduz a presença dos requisitos da urgência e relevância. Esses atos legislativos são de competência privativa do Congresso Nacional, como se pode ver pela regra do art. 68, parágrafo 1º, inciso III.[10]

Em respeito ao direito fundamental de propriedade, o inciso II do art. 62 veda a edição de medida provisória que vise a detenção ou seqüestro de bens, de poupança popular ou qualquer outro ativo financeiro, o que a rigor é vedado à legislação ordinária, posto que é direito fundamental do art. 5º, inc. XXII, da Constituição da República. [11]

A impossibilidade de dispor sobre matéria relativa a lei complementar (inc. III), é decorrência lógica do sistema de elaboração das leis, pois só na lei fundamental é que estão previstas suas hipóteses, como reserva de competência legislativa de poder constituinte derivado ao Congresso Nacional. Expressa uma limitação material, face à matéria estar disciplinada no corpo da carta política.

Há ainda a vedação quanto à possibilidade de supressão de competência do Congresso por via transversa, pois impossibilita que o projeto de lei aprovado pelo Congresso Nacional e pendente de sanção ou veto do Presidente, seja objeto de medida provisória (inc. IV).

Note-se que as vedações para a edição da medida provisória encontram fundamento no princípio da independência ou harmonia dos poderes, pois, como referimos, é exceção a esta regra, pois pela natureza da matéria há a imposição de que sua regulação seja ato composto da vontade dos Poderes Executivo e Legislativo, como se pode notar pela regra do parágrafo segundo, que impede

---

[10] Art. 68. As leis delegadas serão elaboradas pelo Presidente da República, que deverá solicitar delegação do Congresso Nacional.
§ 1º. Não serão objeto de delegação os atos de competência exclusiva do Congresso Nacional, os de competência privativa da Câmara dos Deputados ou do Senado Federal, a matéria reservada à lei complementar, nem a legislação sobre:
......
III – planos plurianuais, diretrizes orçamentárias e orçamentos.

[11] XXII – É garantido o direito de propriedade;

sua edição para a "instituição ou majoração de impostos, exceto os previstos nos arts. 153, 153, I, II, IV,V e 154, II".[12]

Note-se que as exceções dizem respeito a impostos de produção e que, por esta natureza, refletem no equilíbrio financeiro do Estado, e aos quais a Constituição já havia excepcionado ao Poder Executivo a faculdade de, " atendidas as condições e limites estabelecidos em lei", alterar suas alíquotas.[13]

As Constituições de 1824, 1891, 1934 e 1946 não conferiam ao Presidente da República idêntica competência. As de 1967 e 1969 contemplaram a figura do decreto-lei. Assim também a Constituição de 1937. Quanto a esta, além de definir que a atividade normativa do Poder Legislativo resumir-se-ia à fixação de princípios ("Leis de quadro" ou "de base") que, posteriormente, seriam desenvolvidos pela atividade legislativa regulamentar, deferiu ao Executivo extensa competência legislativa a ser exercitada por meio de decretos-leis.[14]

Seu antecedente imediato é o decreto-lei, que, é bom que se diga, era produto de uma Constituição elaborada em um estado de exceção.

A única diferença para melhor foi a não aprovação por decurso de prazo que ocorria no decreto-lei (§ 3º do art. 62).

---

[12] Art. 153. Compete à União instituir impostos sobre:
I – importação de produtos estrangeiros;
II – exportação, para o exterior, de produtos nacionais ou nacionalizados;
IV – produtos industrializados;
V – operações de crédito, câmbio e seguro, ou relativas a títulos ou valores mobiliários;
Art. 154. A União poderá instituir:
II – na iminência ou no caso de guerra externa, impostos extraordinários, compreendidos ou não em sua competência tributária, os quais serão suprimidos, gradativamente, cessando as causas de sua criação.

[13] Art. 153. ..
§ 1º. É facultado ao Poder Executivo, atendidas as condições e os limites estabelecidos em lei, alterar as alíquotas dos impostos enumerados nos incisos, I, II, IV e V.

[14] CLÉVE, Clèmerson Merlin. *Medidas provisórias*. 2. ed. Max Limonad Editora, p. 36.

8-b. Fundamento

O fundamento da medida provisória é a relevância e a urgência (art. 62 *caput*). Há necessidade do *periculum in mora*, que decorreria do atraso da prestação legislativa, causando grave lesão de difícil reparação ao interesse público. Os pressupostos constitucionais, que são a relevância da matéria e a urgência na sua positivação, submetem-se a um exame político prévio e a avaliação discricionária do Presidente da República.

No Brasil, o controle jurisdicional dos pressupostos autorizadores da medida de urgência tem sido reclamado pelos juristas comprometidos com a efetividade da Constituição. Aliás, no regime presidencialista de governo (regime de separação dos poderes por excelência), o controle, como antes afirmado, deve ser ainda mais rigoroso do que aquele experimentado na Itália e Espanha, países que adotam o parlamentarismo.

Como bem acentua o Ministro José Celso de Mello Filho "as medidas provisórias resultam do exercício, pelo Presidente da República, de competência constitucional extraordinária. É expressão concreta de um poder cautelar geral deferido ao Chefe do Poder Executivo da União".[15]

Mas a existência ou não dos requisitos constitucionais para edição das medidas provisórias poderá ser revista pelo Poder Judiciário em ação própria, de forma a que uma função fiscalize a outra como determina a doutrina dos freios e contrapesos expressa no art. 2°, que lhes prega a independência e harmonia.[16]

8-c. Garantias formais

Por se tratar de uma situação extraordinária, a Constituição estabeleceu garantias formais, tentando, com isso, evitar abusos. São elas:

---

[15] *Revista da Procuradoria-Geral do Estado de* São *Paulo,* junho de 1990.

[16] A teoria do "excesso do poder de legislar" é antiga na jurisprudência do Supremo. O Mandado de Segurança n. 1.423, julgado em 22 de fevereiro de 1951, cujo relator

1º. imediata apresentação ao Congresso Nacional, pelo Executivo, da medida provisória por este editada, visando a sua conversão em lei;[17]

§ 3º. As medidas provisórias, ressalvado o disposto nos parágrafos 11 e 12, perderão eficácia, desde a edição, se não forem convertidas em lei no prazo de sessenta dias, prorrogável uma vez por igual período, devendo o Congresso Nacional disciplinar, por decreto legislativo, as relações jurídicas delas decorrentes.

---

foi o Ministro Luís Gallotti, tem a seguinte ementa: "As medidas políticas são discricionárias apenas no sentido de que pertencem à discrição do Congresso ou do governo os aspectos de sua conveniência ou oportunidade, a apreciação das circunstâncias que possam autorizá-las; mas essa discrição legislativa ou administrativa não pode exercitar-se fora dos limites constitucionais ou legais". *Revista Forense*, vol. 152, mar/abr. 1954, p. 149.

Em relação ao controle dos pressupostos da medida provisória conferir: AdinMc 162, Rel. Min. Moreira Alves, j. 14.12.89, DJU 19.9.97. Admitindo o controle dos pressupostos de relevância e urgência: AdinMc 526-DF (Rel. Min. Sepúlveda Pertence, j. 12.12.91, RTJ 145:101); ADinMc 1417-DF (Rel. Min. Octávio Gallotti, j. 7.3.96, LEX 215:35); (RE223021-PE (Rel. Min. Carlos Velloso, DJU 26.6.98. Nas ADins 526 e 1417-0, o STF decidiu que a fase de julgamento cautelar era imprópria para aferição do pressuposto de urgência, pois esta matéria envolvia, em última análise, a afirmação do abuso do poder discricionário, na sua edição. Todavia, na ADinMc 1753-DF (Rel. Min. Sepúlveda Pertence, DJU 12.6.98), embora afirmando a excepcionalidade desta espécie de censura judicial, suspendeu cautelarmente medida provisória em virtude de ausência do pressuposto de urgência à sua edição.Nestes termos a ementa da decisão proferida na ADIn 1.397 (Rel, Min. Carlos Veloso, j. 28.4.97): Reedição de medida provisória não rejeitada expressamente pelo Congresso Nacional. Possibilidade. Precedentes do STF: ADin 295-DF e ADin 1516-RO. Requisitos de urgência e relevância: Caráter político: em princípio, a sua apreciação fica por conta dos Poderes Executivo e Legislativo, a menos que a revelância ou a urgência evidenciar-se improcedente.No sentido de que a urgência e relevância são questões políticas, que o Judiciário não aprecia: RE 62.739, Baleeiro, Plenário, RTJ 44/55; RDP 5/223. Pedido de suspensão cautelar da alínea "c", do § 1º do art. 9º da Lei 4.024/61, com a redação da Lei 9.131/95, bem assim das alíneas "d", "e", "f" e "g" do mesmo artigo: indeferimento.Medida cautelar indeferida.

[17] A conversão a destempo implica a inconstitucionalidade da lei. CLÈVE, Clèmerson. Ob. cit., p. 116. Nesse sentido a Corte Constitucional Italiana, conforme BAUDREZ, Maryse "Décrets-lois em Italie: l'exapération mesurée de la Cour constitutionnelle em 1996". *Revue Française de Droit Constitutionnel* 32:746.

§ 4º. O prazo a que se refere o parágrafo 3º contar-se-á da publicação da medida provisória, suspendendo-se durante os períodos de recesso do Congresso Nacional.

2º. perda da eficácia *ex tunc*, ou seja, desde a edição do ato não convertido em lei.

Como hipótese legislativa, se submete ao exame jurisdicional da constitucionalidade mediante o controle difuso ou concentrado, inclusive sobre a existência ou não do *periculum in mora*.

Nesse caso, o juízo prévio sobre a constitucionalidade da medida provisória é feito pela comissão mista de Deputados e Senadores, que deverão sobre ela emitir parecer, antes de ser apreciada pelo Congresso.

§ 5º. A deliberação de cada uma das Casas do Congresso Nacional sobre o mérito das medidas provisórias dependerá de juízo prévio sobre o atendimento de seus pressupostos constitucionais.

§ 9º. Caberá à comissão mista de Deputados e Senadores examinar as medidas provisórias e sobre elas emitir parecer, antes de serem apreciadas, em sessão separada, pelo plenário de cada uma das Casas do Congresso Nacional.

Note-se, que nesta fase, é feito o controle político do órgão legislativo sobre a constitucionalidade da medida provisória, o que inclui a análise sobre a existência ou não da relevância e da urgência em sua edição, além dos aspectos formais e materiais que autorizam a excepcionalidade da providência, inclusive sobre a ocorrência da vedação do art. 246 da Constituição da República.

Art. 246. É vedada a adoção de medida provisória na regulamentação de artigo da Constituição cuja redação tenha sido alterada por meio de emenda promulgada entre 1º de janeiro de 1995 até a promulgação desta emenda inclusive.

Se a medida provisória, com a presença ou não dos pressupostos, tratou de matéria reservada à lei ordinária (matéria não delegável, em princípio, de competência privativa de outros poderes), a sua conversão em lei não é suficiente para sanar o vício que a contamina. Da mesma forma se a conversão não respeitar o prazo estabelecido na Constituição.

8-d. Aprovação e emendas

As medidas provisórias, após publicadas no órgão oficial, desvinculam-se da autoridade que as instituiu, não tendo o Presidente da Republica disponibilidade sobre elas, dessa forma, encaminhada a medida provisória à apreciação legislativa, assiste ao Congresso Nacional, em caráter definitivo e subordinante, o poder de aprová-la, com ou sem emendas, transformando-a em lei, ou então o de rejeitá-la.

Tornando compulsória a manifestação do Congresso sobre a constitucionalidade ou não da mesma, a Carta da República estabelece o prazo de 45 dias, contados da sua publicação, para a sua apreciação no órgão legislativo.

§ 6º. Se a medida provisória não for apreciada em até quarenta e cinco dias contados de sua publicação, entrará em regime de urgência, subseqüentemente, em cada uma das Casas do Congresso Nacional, ficando sobrestadas, até que se ultime a votação, todas as demais deliberações legislativas da Casa em que estiver tramitando.

Desta forma, a sua apreciação é compulsória, em homenagem ao controle de uma função sobre a outra, o que decorre da exceção que consubstancia a edição do ato com força legislativa pelo Executivo.

Por via de conseqüência, a exigência consubstancia inconstitucionalidade formal de qualquer lei editada pelo Congresso sem observância da prejudicialidade da apreciação da medida provisória.

O prazo de sua eficácia sem a conversão em lei é de no máximo 120 dias, iniciando o seu processo legislativo na Câmara dos Deputados.

§ 7º. Prorrogar-se-á uma única vez por igual período a vigência de medida provisória que, no prazo de sessenta dias, contado de sua publicação, não tiver a sua votação encerrada nas duas Casas do Congresso Nacional.

§ 8º. As medidas provisórias terão sua votação iniciada na Câmara dos Deputados.

Antes da Emenda 32/01, a Resolução n° 1/89 do Congresso Nacional é que determinava a possibilidade de serem propostas emendas às medidas provisórias.

Tal resolução tinha extrema coerência, pois somente na lei delegada é que não há possibilidade de emendas (art. 68, § 3°). Mas esta forma de delegação legislativa parte do Congresso, que ao conferi-la especifica seu conteúdo e os termos do seu exercício (§ 2°).

As Casas do Congresso Nacional dispõem de plenos poderes para verificar os aspectos políticos da medida provisória, referentes aos pressupostos justificadores de sua edição ou ao próprio conteúdo material que ela exprime, bem como aos aspectos jurídicos pertinentes a sua legitimidade constitucional.

Nesse procedimento, as medidas provisórias ou são aprovadas e se convertem em leis, que são as chamadas leis de conversão, ou então, deixam de ser convertidas, quer por decurso do prazo constitucional de 120 dias (hipótese de decadência), quer por expressa deliberação (hipótese de rejeição).

8-e. Rejeição, eficácia e reedição

A rejeição da medida provisória, além de desconstituir-lhe *ex tunc*, ou seja, desde a sua edição, de eficácia jurídica, também impossibilita ao Presidente da República renovar esse ato na mesma sessão legislativa, ainda que perdure a situação cuja realidade justificou sua edição. Significa dizer que o Congresso Nacional considerou irrelevante ou destituído de caráter emergencial, aquilo que o Presidente da República havia assim considerado. Ou então, não aprovou a medida provisória após uma análise de mérito.

§ 10. É vedada a reedição, na mesma sessão legislativa, de medida provisória que tenha sido rejeitada ou que tenha perdido sua eficácia por decurso de prazo.

A Emenda nº 32/01 afastou a possibilidade de, quando a medida provisória não fosse aprovada por decurso de prazo, ou seja, por omissão do Congresso Nacional, o chefe do Executivo editar outra sobre o mesmo assunto, até que o Congresso Nacional se manifestasse, rejeitando-a ou aprovando-a.

O texto constitucional, ao prescrever a perda da eficácia *ex tunc* da medida provisória não convertida em lei, nos termos do parágrafo 3º, fixou o princípio de que as normas editadas por esse meio não têm efeitos válidos.

§ 3º. As medidas provisórias, ressalvado o disposto nos parágrafos 11 e 12, perderão eficácia, desde a edição, se não forem convertidas em lei no prazo de 60 dias, prorrogável uma vez por igual período, devendo o Congresso Nacional disciplinar, por decreto legislativo, as relações jurídicas delas decorrentes.

Desse modo, os atos conseqüentes de uma medida provisória rejeitada são de nenhum valor, devem ser considerados írritos.

Não obstante, cabe ao Congresso Nacional disciplinar as relações jurídicas delas decorrentes. Isto significa que o Congresso Nacional pode disciplinar as conseqüências das medidas provisórias reconhecendo-lhes, no todo ou em parte, validade.

Entretanto, é uma exceção essa deliberação por decreto legislativo, pois a regra seria a validação dos efeitos, apenas por via de lei.

A diferença entre as medidas provisórias e o projeto de lei é a eficácia imediata das primeiras.

A competência extraordinária do Executivo em editar medidas provisórias deve ser entendida de forma limitada, e dentro da sistemática constitucional.

Como vimos, tais medidas são uma espécie de delegação, devendo, portanto, seguir a sistemática prevista para as leis delegadas, no que tange à indelegabilidade de determinados assuntos, o que agora é expresso na Constituição.

Desse modo, as medidas provisórias não poderão tratar de tais matérias, sob pena de inconstitucionalidade desmerecedora de convalidação, até porque não há convalescimento para ato absolutamente nulo.[18]

Outra exceção é a possibilidade de se conferir efeitos repristinatórios na hipótese de omissão do Congresso em disciplinar as relações jurídicas constituídas e decorrentes de atos praticados durante sua vigência.

§ 11. Não editado o decreto legislativo a que se refere o § 3º até sessenta dias após a rejeição ou perda de eficácia de medida provisória, as relações jurídicas constituídas e decorrentes de atos praticados durante a sua vigência conservar-se-ão por elas regidas.

---

[18] Ver o nosso "Nulidade e anulabilidade do ato administrativo e seus efeitos", em *Direito público – Temas polêmicos*. Freitas Bastos, p. 198.

Estes não se confundem com os efeitos de eficácia da lei de conversão, que se submete à sanção ou veto, do agora considerado projeto, após as emendas no Congresso.

§ 12. Aprovado o projeto de lei de conversão alterando o texto original da medida provisória, esta manter-se-á integralmente em vigor até que seja sancionado ou vetado o projeto.

Outra exceção é a do art. 2º da EC 32/01, que estabelece regra de direito intertemporal, ao determinar que as medidas provisórias editadas em data anterior à publicação da emenda continuam em vigor até que medida provisória ulterior as revogue explicitamente ou até a deliberação definitiva do Congresso Nacional.

9. Decreto legislativo

O decreto legislativo é de competência exclusiva do Congresso Nacional, por isso não está sujeito a sanção presidencial. Basicamente, tem como conteúdo as matérias de competência exclusiva do Congresso Nacional elencadas no art. 49 da Constituição da República.

A promulgação é feita pelo Presidente do Senado Federal.

10. Resoluções

As resoluções são atos de competência privativa tanto do Congresso Nacional como do Senado e da Câmara. São exemplos os artigos 68, § 2°; art. 52, inciso V; art. 155, § 2°, inc. IV, da Constituição da República.

Também não estão sujeitas a sanção presidencial.

A promulgação é feita pela Mesa da Casa Legislativa que as expedir. Quando se tratar de resolução do Congresso Nacional a promulgação é feita pela Mesa do Senado Federal.

3
A inconstitucionalidade das leis e a ação declaratória de constitucionalidade

1. Introdução

O sistema de inconstitucionalidade das leis visa a assegurar a ordem jurídica estabelecida com a Constituição, lei fundamental da República Federativa do Brasil, que fixa o lugar da instância jurídica como forma de estabilizar e assegurar o poder do Estado.[19]

O nosso sistema jurídico estabelece uma Constituição escrita e rígida, somente sendo possível a modificação de suas normas nos estritos casos previstos na própria Constituição.

A primeira conseqüência dessa rigidez constitucional é que a carta política brasileira passa a figurar no vértice do sistema jurídico, sendo a lei suprema do Estado. Só dela decorre o poder e a soberania, sendo necessário que todos os entes políticos: União, Estados membros, Municípios e Distrito Federal se submetam às normas ali contidas.

[19] Surgiu nos Estados Unidos, e fundado numa Constituição que não o previa expressamente. No caso Malbury versus Madison, o Juiz Marshal, da Suprema Corte Americana, demonstrou que se a Constituição era a base do ordenamento jurídico e se era imutável por meios ordinários, as leis infraconstitucionais que a confrontassem não eram verdadeiramente leis, pois seu fundamento de validade decorria da Lei Magna, e desta forma sendo infundadas, não poderiam gerar direito.
Demonstrou que cabendo ao Judiciário dizer do direito, a ele compete indagar da constitucionalidade. Se uma lei entra em conflito com a Constituição, ao juiz cabe

Esse sistema determina que todas as normas infraconstitucionais só sejam válidas se estiverem de acordo com os preceitos estabelecidos na Constituição da República.

Esta missão de guardar os preceitos da Lei Maior é conferida ao Supremo Tribunal Federal, conforme o art. 102, que estabelece:

Art. 102. Compete ao Supremo Tribunal Federal, precipuamente, a guarda da Constituição, cabendo-lhe:

I – processar e julgar, originariamente:
a) a ação direta de inconstitucionalidade de lei ou ato normativo federal ou estadual.[20]

A primeira questão que se apresenta é a de que devemos considerar como lei ou ato normativo? Vejamos como poderemos identificá-los.

2. Conceito de lei e ato normativo

Chama-se lei toda promulgação de normas vindas daqueles órgãos da soberania, aos quais, segundo a constituição política do Estado, é conferido o poder de ditar regras de direito.[21] Essas normas têm como característica principal sua generalidade e abstra-

---

decidir se aplicará a lei, violando a Constituição, ou recusará sua aplicação em respeito ao comando da Lei Magna.
Segundo Alfredo Buzaid, o princípio também se manifestou no regime das Ordenações do Reino de Portugal, onde se considerava a premissa de que existiam leis e princípios fundamentais a que se deveriam subordinar as normas menores, inclusive legislativas. "Ocorrendo antagonismo entre uma ordenação do Reino e uma lei municipal, cabia ao Corregedor das comarcas decretar a nulidade desta, a fim de salvar a autoridade daquela." Ver também o Código Filipino, Livro 1, título 58, n° 17 (*Da ação direta de declaração de inconstitucionalidade*, p. 19)
Embora não seja princípio pacífico da doutrina inglesa, o certo é que, já no século XVII, se proclamava a supremacia absoluta da *Common Law* mesmo sobre a legislação (*Blackstone-Commentories*, p. 185: "An act of the Parliament is the exercise of the highest authority that this Kingdom aknowledges upon earth" (*Apud* CAVALCANTI, Themistocles Brandão. *O controle da constitucionalidade*, p 48).
[20] Sem a redação da Emenda n° 3, que será analisada mais adiante.
[21] DE RUGGIERO. *Instituições*. Vol. 1, p. 96.

ção, o que significa que se aplicam a todos os súditos desta organização politico-administrativa e mesmo quando dirigidas a determinada classe de pessoas, não perdem este caráter, pois indistintamente se aplicam a todos que se colocam naquela situação.

Já os atos normativos têm por finalidade fixar as disposições necessárias à execução das leis, ou complementar o sistema jurídico, ditando normas jurídicas independentes, na esfera dos poderes atribuídos ao governo e nas matérias que lhe são reservadas.[22]

É evidente que todo ato normativo deve se coadunar ao espaço deferido pela lei, e ser exercido dentro da competência legislativa conferida.

O poder do Estado é um só, expressão de sua soberania (art. 1º, inc. I, da CR), as funções é que se tripartem em executiva, legislativa e judiciária. E, dentro do exercício dessas funções anômalas de expedir regras de comportamento no âmbito do Executivo e do Judiciário, qualquer abuso traduz inconstitucionalidade, assim como ocorrerá com o Legislativo de qualquer dos entes políticos da Federação, se houver inobservância de preceito constitucional ou lei contrária a disposição de legislação federal dentro da competência legislativa concorrente ou privativa (arts. 22 e 24. parágrafo 4º, da CR)

3. Os sistemas de controle

A doutrina aponta três sistemas de controle de constitucionalidade: o político; o jurisdicional e o misto.

O primeiro entrega o controle da constitucionalidade ao órgão de natureza política que é o Legislativo. Está previsto na Constituição francesa de 1958 em seus artigos 56 a 63.

O controle jurisdicional, generalizado nos Estados Unidos, é a faculdade que as Constituições outorgam ao Poder Judiciário de declarar a inconstitucionalidade de lei ou de outros atos do Poder Público que contrariem formal ou materialmente preceitos constitucionais.

---

[22] Ob. cit., pág. 103.

O Misto realiza-se quando a Constituição submete certas categorias de leis ao controle político e outras ao controle jurisdicional, como ocorre na Suíça, onde as leis federais ficam sob controle político da Assembléia Nacional, e as leis locais sob o controle jurisdicional.[23]

4. Formas de inconstitucionalidade no Brasil

A Constituição da República de 1988 estabelece dois tipos de inconstitucionalidade: por ação, art. 103 e a por omissão prevista no parágrafo 2° do mesmo. Esta se limita apenas a dar ciência ao Poder Legislativo da existência de lacuna de lei no ordenamento jurídico, sem entretanto haver obrigatoriedade de preenchimento do vácuo pelo mesmo, em face da independência e harmonia dos poderes preconizada no art. 2° da Carta Magna.

Quando esta carência de lei inviabilizar o exercício dos direitos e liberdades constitucionais e das prerrogativas inerentes à nacionalidade, à soberania e à cidadania, o remédio será o mandado de injunção previsto no art. 5°, inc. LXXI, que assegura apenas a aplicabilidade dos direitos previstos nos arts. 5° a 11; 12; 14 a 16; 1°, inc. II; 22, inc. XIII.

Nas demais hipóteses de direitos assegurados e dependentes de legislação infraconstitucional a única saída será a ação de inconstitucionalidade por omissão, de conseqüências pouco práticas como podemos notar.

A inconstitucionalidade por ação tem por finalidade adequar todas as leis ou atos normativos a uma compatibilidade vertical estabelecida pela Constituição e demais leis de competência privativa da União (art. 22 da CR) ou no âmbito da legislação concorrente quando houver incompatibilidade com lei federal (art. 24, § 4°,

---

[23] AFONSO DA SILVA, José. *Curso de direito constitucional positivo*, p. 49.

da CR). No caso de leis anteriores contrárias à Constituição, ficam elas revogadas.[24]

Os atos legislativos e normativos que não forem compatíveis com os preceitos da lei superior são inválidos, pois a incompatibilidade vertical se resolve em favor da norma de grau mais elevado, que fundamenta a validade das inferiores.

Essa incompatibilidade pode ser formal ou material.

Diz-se formal quando as leis ou atos normativos são elaborados por autoridades incompetentes ou em desacordo com formalidades ou procedimentos estabelecidos na Constituição e suas leis complementares, que têm caráter de leis que complementam dispositivos constitucionais de eficácia limitada e contida que não inovam a Constituição, apenas regulamentam matérias de especial relevo. O assunto que será objeto da lei complementar está determinado na própria Constituição. E, também, pelas leis de competência privativa ou concorrente da União (arts. 22 e 24).

A material ocorrerá quando o conteúdo da lei ou ato normativo for contrário a qualquer das hipóteses legislativas referidas.

---

[24] A afirmação não é incontroversa. Na sessão de 6.2.92 o STF ultimou o julgamento da AdInconst 2/88; nela se questionava a inconstitucionalidade de lei anterior à Constituição; depois de madura deliberação, oito Ministros votaram pela impossibilidade jurídica do pedido, enquanto três deles conheciam; estava assim reconsagrada, e por expressiva maioria, a jurisprudência do Tribunal Excelso, onde o Ministro Paulo Brossard, seu relator, redigiu a seguinte ementa: "Constituição. Lei anterior que a contrarie. Revogação. Inconstitucionalidade superveniente. Impossibilidade". A partir desse julgamento, foram apreciadas mais 32 ações diretas, que aguardavam a decisão na ADIncost 2.

O próprio Ministro, em precioso estudo sobre "Constituição e Leis a ela anteriores", publicado na *Revista Trimestral de Direito Publico* n° 4/93, afirma que: "lei anterior à Constituição, se a contrariar, será por ela revogada, como aconteceria com qualquer lei que a sucedesse. Num caso, o problema é de Direito Constitucional, noutro é de Direito Intertemporal".

Demonstra ele a Jurisprudência do STF de 1952 até o último caso de 1992.

Em 19.6.52, em duas decisões unânimes, nos RE 19.656 e 19.887, ambos de São Paulo, relator o Ministro Luiz Gallotti, a Turma manteve o rito tradicional da jurisprudência desta corte asseverando: "O problema da derrogação da lei por dispositivo constitucional superveniente não chega a configurar propriamente uma argüição de inconstitucionalidade de lei; basta considerar que a derrogação pela lei nova, se

5. Os tipos de controle

Há dois tipos que decorrem explicita ou implicitamente da Constituição da República. O por via de ação direta, previsto em matéria federal no art. 103 c/c 102, inc. I, letra "a", da CR. E o por via de exceção, decorrente de sistema, e previsto implicitamente no art. 102, inc. III, letra, "a", no Regimento Interno do Supremo Tribunal Federal, arts. 176 e segs., no art. 480 do Código de Processo Civil e no Regimento Interno de todos os Tribunais da Federação. Este, consubstanciado no princípio de que qualquer juízo, desde a mais inferior instância, não está obrigado a aplicar ou respeitar lei que considere inconstitucional.

---

incompatível com a velha, se daria, quer fosse ou não de categoria constitucional a disposição superveniente" *(RT* 231/665)

Aos 9.10.74, o STF, em sessão plenária, deu provimento ao RE 78.984-RJ. Seu relator foi o Min. Cordeiro Guerra. Enquanto o Min. Thompson Flores entendia que o art. 58, I, da Lei 4.881-A/65 estava revogado pela Constituição de 1967, nos termos da Lei de Introdução ao Código Civil, o relator entendia não haver dificuldade "em se aplicar aquela lei que não foi revogada", "não vejo que esteja realmente revogado o art. 58, I, da Lei 4.881-A/65". E o Min. Rodrigues de Alckmin: "não se declara inconstitucional uma norma emitida de acordo com a Constituição que vigia anteriormente" *(RTJ* 71/291 -293).

A 22.8.75, a Turma do STF apreciou o RE 78.486-DF, relator o Min. Rodrigues de Alckmin. A ementa do julgado diz tudo: "Funcionário público. Diplomata. Possibilidade legal da aposentadoria compulsória em idade inferior a 70 anos, nos termos da Lei 4.415/64, que não foi revogada pela Constituição Federal em vigor" *(RTJ* 76/538)

Na Repr. 9.946-DF, relator o Min. Xavier de Albuquerque, em 12.5.77, à unamidade, o STF reiterou a tese consagrada. Discutia-se a validade do art. 902, §1°, da Consolidação das Leis do Trabalho, que é de 1943. Diz a ementa: "Não constituindo ato normativo – dado que o art. 902, § 1°, da CLT, que lhe atribui tal caráter, foi revogado pela Constituição de 1946 – não pode ser objeto de representação por inconstitucionalidade" *(RTJ* 82/44).

Sendo relator o Min. Moreira Alves, ao julgar as Repr. 1.012 e 1.016, ambas de São Paulo, por unanimidade, decidiu esta Corte, em 20 e 27.9.79: "Em se tratando de leis anteriores à Constituição Federal vigente, não há que se cogitar – como tem entendido o STF – de inconstitucionalidade, mas, sim (e se for o caso), de revogação, matéria estranha à representação de inconstitucionalidade" (*RTJ* 95/980 e 993).

Na Repr. 765-CE, em acórdão unânime de que foi relator o Min. Soares Muñoz, em 24.4.80, assentou o Supremo: "O essencial é a contemporaneidade da decisão final

Se o desrespeito ou a aplicabilidade contraria a Constituição, o controle por exceção será levado ao Supremo Tribunal Federal, que é seu guardião, por via de recurso extraordinário. Se a contrariedade é de lei federal em sua aplicabilidade ou interpretação, o controle por via de exceção chegará, por meio de recurso especial, ao Superior Tribunal de Justiça (art. 105, inc. III. letras "a", 'b" e "c".

Note-se que esse controle por via de exceção, e também chamado *incindenter tantum*, poderá chegar ao Supremo por via de recurso extraordinário, conforme o disposto no art. 102, inc. III, letras "b" e "c". Portanto, a contrariedade a lei federal determi-

---

com a vigência da Constituição Federal, que teria sido ofendida por lei ou ato normativo do Poder Público. E essa coincidência temporal não existe no caso" *(RTJ* 98/952). Na Repr. 969-DF, em 21 .5.81, relator o Min. Antônio Neder, em decisão unânime, afirmou o STF: "o § 1° do art. 75 da Lei 1.341, de 30.1.51 (Lei Orgânica do Ministério Público da União), e o § 1°do art. 27 da Lei 4.737, de 15.7.65 (Código Eleitoral), estão revogados pelo art. 125 da Constituição de 1946, que lhes é posterior. Portanto, não podem ser considerados inconstitucionais, nem por contrariar a citada norma constitucional, nem por contrariar o art. 94 da Constituição de 1967, com a Emenda 1. Representação de inconstitucionalidade a que o STF nega conhecimento em sessão plenária e em julgamento unânime" *(RTJ* 99/544). A 9.12.81, em Tribunal Pleno, o STF negou provimento ao RE 91 .604-BA, relator o Min. Néri da Silveira. No que importa, eis o que enuncia a ementa: "Se, dessa maneira, não é viável, por lei complementar, após a Emenda Constitucional 1/ 69, dispor sobre aposentadoria compulsória com menos de 70 anos de idade, força é reconhecer estar revogado o art. 58, I, da Lei 4.881-A/65, em face de sua incompatibilidade com o regime da Emenda Constitucional 1/69" *(RTJ* 116/652). No RE 100.596-DF, relator o Min. Rafael Mayer, em 23.11.83, à unanimidade de votos, o STF reafirmou sua velha jurisprudência: 2. "A legislação ordinária pretérita, institutiva de aposentadorias especiais, reduzindo o limite de idade para aposentação, compulsória ou voluntária, está implicitamente revogada, a partir da vigência do texto constitucional inserto na Emenda Constitucional 1, porque com ele incompatível" (*RTJ* 109/1.220).
Em 1.6.86 o STF, em Tribunal Pleno, apreciou a Repr. 1.012-DF; o Min. Octávio Gallotti foi seu relator. No que interessa, sua ementa diz assim: "Representação de que não se conhece, em face do entendimento, já firmado pelo Supremo Tribunal, no sentido de não ter cabimento a representação, para obter-se a declaração de inconstitucionalidade de leis anteriores à Constituição vigente" A 6.5.87 o STF julgou, e ainda por unanimidade, a Repr. 1.334-PR. Seu relator o Min. Carlos Madeira. Eis a ementa do acórdão: "Representação de inconstitucionalidade. A incompatibilidade entre a lei e o texto constitucional superveniente importa sua revogação. Precedentes do STF. Representação não conhecida" *(RTJ* 124/415).

na que da última instância dos tribunais dos Estados seja dirigido recurso ao Superior Tribunal de Justiça. E que, no caso de confronto com a Constituição, o recurso seja feito diretamente ao Supremo Tribunal Federal.

É importante notar, ainda, que em consonância com o princípio da independência e harmonia dos poderes (art. 2° da CR), ao Congresso Nacional foi deferida mais uma forma de controle, no art. 49, inc. V, quando possibilita a sustação de atos normativos do Poder Executivo que exorbitem do poder regulamentar, ou ainda dos limites de delegação legislativa. Este último, para o caso de lei delegada de que trata o art. 68. Também ao Executivo é delegado o controle, quando possibilita ao Presidente da República vetar projeto de lei, que considere inconstitucional, no todo ou em parte (art. 66, § 1°).

6. O controle em consonância com o sistema federativo brasileiro

O Federalismo Brasileiro nasceu da necessidade de se descentralizar um estado unitário, onde a extensão demográfica inviabilizava a centralização.

Nos EUA, o Estado formou-se de uma evolução centrípeta, ou seja, de fora para dentro, e da necessidade de as 13 colônias se unirem para combater o domínio da Inglaterra. Desta forma, o que houve originariamente foi uma confederação com os Estados mantendo sua soberania.

Assim, a evolução centrífuga do nosso federalismo não possibilita analogia ao modelo norte-americano. A influência do sistema americano foi tão marcante, que chegamos a ter a possibilidade de os Estados elaborarem seus próprios códigos de processo, o que hoje é vedado pela regra do art. 22, inc. I, da CR.

De qualquer forma, o que precisamos destacar é a obediência do controle de constitucionalidade ao Federalismo Brasileiro.

Assim, essa descentralização político-administrativa da República Federativa do Brasil, que se forma pela união indissolúvel dos Estados e Municípios e do Distrito Federal (art. 1°), obedece a esferas de competência legislativa onde à União é reservado um campo privativo (art. 22 e incs.). Ou uma esfera de competência legislativa concorrente, onde também lhe é conferido o poder de estabelecer normas gerais, não excluindo a competência suplementar dos Estados, e prevendo a hipótese de, no âmbito desta competência, não havendo norma federal limitativa, a possibilidade de os Estados a exercerem plenamente. É evidente que a superveniência de lei federal sobre normas gerais suspende a eficácia da lei estadual no que lhe for contrário. Tudo nos termos do art. 24, parágrafos 1º 2° e 3°.

É, ainda, reservada aos Estados uma competência legislativa residual ou remanescente para tudo o que não lhes for vedado pela Constituição (art. 25 e § 10).

No âmbito dos Municípios e do Distrito Federal, a organização desses entes políticos se dá por lei orgânica, nos termos da Constituição e obedecidos os princípios que estabelece (arts. 29 e incs. e 32 e §§). Sendo que, ao Distrito Federal, há uma cumulação de competências legislativas reservadas aos Estados e Municípios (§1° do art. 32).

Aos Municípios cabe, após instituídos pela lei orgânica, de acordo com essa compatibilidade vertical estabelecida pela Constituição, legislar sobre assuntos de interesse local, complementando a legislação federal e a estadual no que couber (arts. 29 e 30, incs. I e II).

7. O controle jurisdicional e sua adequação ao sistema federativo

Como podemos notar, há uma compatibilidade vertical de competências legislativas, que tem como instância máxima a Constituição da República.

Esse sistema, que nada mais é do que o estabelecimento de uma autonomia político-administrativa, que expressa o modelo de federalismo brasileiro, terá consonância com a distribuição de competências para o controle jurisdicional das leis ou atos normativos.

Como referimos, há dois tipos de controle: o por via de ação direta e o *incidenter tantum.* Vejamos cada um e sua adequação a forma de Estado Federal Brasileiro.

Além da competência legislativa, a própria presença da Justiça Federal nos entes federados com competência por regiões que abrangem dois ou mais Estados em concurso com a deles e a Estadual nos Municípios demonstra que a compatibilidade vertical das normas é seguida pela função jurisdicional e seu conseqüente controle de constitucionalidade em cada caso concreto.

Para as questões federais a Justiça da União e para as demais, a dos Estados.

Temos, portanto, uma autonomia político-administrativa limitada, e submetendo todos os entes federados a um controle dentro desta esfera, mas que sofrerá, em caso de recurso, a palavra final do guardião da Constituição que é o Supremo Tribunal Federal.

Estabelece o art. 125:

Os Estados organizarão sua Justiça, observados os princípios estabelecidos nesta Constituição.

§ 2°. Cabe aos Estados a instituição de representação de inconstitucionalidade de leis ou atos normativos estaduais ou municipais em face da Constituição Estadual, vedada a atribuição para agir a um único órgão.

Desta forma, o controle por ação direta no âmbito do Estado Federado se dirige a:

1) leis ou atos normativos estaduais em face da Constituição do Estado, que é elaborada dentro dos parâmetros de autonomia

deferido pela Constituição da República, obedecidos os preceitos e princípios ali contidos;

2) leis ou atos normativos municipais em face da Constituição do Estado.

Em consonância com a compatibilidade vertical de normas dos artigos 22 e 24 da CR, que a estabelece entre a União, Estados e Distrito Federal, a ação direta de inconstitucionalidade de lei ou ato normativo municipal só se dá em face da Constituição do Estado. Na hipótese, embora remota, de haver vácuo legislativo entre uma lei ou ato normativo municipal e a Constituição do Estado, mesmo que na Constituição da República haja norma contrária ao preceito, não há possibilidade de argüir a inconstitucionalidade, por ação direta, da lei ou ato normativo em face da Constituição da República. A inviabilidade decorre do próprio espaço de competências estabelecida com o modelo federativo.

Seria ferir-se a autonomia do ente federado, proclamar-se constitucional ou não uma lei municipal por inexistência de preceito na Constituição do Estado em confronto com a da República.[25]

Nesta hipótese, só mesmo o controle difuso deferido ao órgão judiciário do Estado localizado no município em não aplicar o preceito, é o possível, declarando no caso concreto, que considera aquela lei ou ato normativo inconstitucional.

Vale lembrar que, segundo o art. 97 da Constituição da República:

"Somente pelo voto da maioria absoluta de seus membros ou dos membros do respectivo órgão especial poderão os tribunais declarar a inconstitucionalidade de lei ou ato normativo do Poder Público".

---

[25] A Constituição de São Paulo criou a ação direta de inconstitucionalidade de lei municipal em confronto com a Constituição da República. O Supremo Tribunal Federal entendeu inconstitucional o texto, não admitindo o controle da constitucionalidade em abstrato da lei municipal frente à Lei Magna, porque não previsto nela (RE 91 740, *RTJ* 93/462).

Admitiu, apenas, a representação de inconstitucionalidade de caráter interventivo (RE 92071, *RTJ* 97/404) (vide o que dissemos no item 10 sobre a finalidade desta ação).

8. A ação direta de inconstitucionalidade no âmbito federal

Ao erigir o Supremo Tribunal Federal como o guardião da Constituição, o art. 102 estabelece que:

Compete ao Supremo Tribunal Federal, precipuamente, a guarda da Constituição, cabendo-lhe:

I — processar e julgar, originariamente:
a) a ação direta de inconstitucionalidade de lei ou ato normativo federal ou estadual;

À primeira vista, poderia parecer que há um confronto entre o artigo citado e o parágrafo 2° do art. 125, que determina:

Cabe aos Estados a instituição de representação de inconstitucionalidade de leis ou atos normativos estaduais ou municipais em face da Constituição Estadual, ...

Mas assim não é. Aqui, sim, não havendo confronto direto entre a lei ou ato normativo estadual e a sua Constituição, caberá a ação direta de inconstitucionalidade proposta perante o Supremo Tribunal Federal.

Para as hipóteses de confronto entre a Constituição da República e as Constituições dos Estados e suas leis complementares (p. ex., § 5° do art. 128 da CR), que se colocam nos Estados, como poder constituinte derivado, e no mesmo nível de importância da sua Constituição, há a possibilidade de ação direta de inconstitucionalidade em face do Supremo Tribunal Federal.

A ação direta de inconstitucionalidade é prevista no referido art. 102, inc. I, letra "a", e tem como legitimadas as pessoas físicas ou jurídicas elencadas nos incisos do art. 103, de I a IX, todos da CR.

Nela, cabe ao Advogado-Geral da União a defesa do ato ou texto impugnado, em face da presunção de legitimidade de que gozam as leis. Como curador a lei, não lhe cabe admitir a invalidez da norma impugnada.

Nesse sentido houve manifestação recente do Supremo Tribunal Federal, na Ação Direta de Inconstitucionalidade n° 72 (Questão de Ordem):

"A ação direta de inconstitucionalidade. Advogado-Geral da União: Indeclinabilidade da defesa da lei ou ato normativo impugnado (CF, art. 103, § 3°).

Erigido curador da presunção de constitucionalidade da lei, ao Advogado-Geral da União, ou quem lhe faça as vezes, não cabe admitir a invalidez da norma impugnada, incumbindo-lhe, sim, para satisfazer requisito de validade do processo da ação direta, promover-lhe a defesa, veiculando os argumentos disponíveis" (RDA 180/208).

Nos Estados sua previsão na Lei Maior está no art. 125 parágrafo 2°, para leis e atos normativos Estaduais e Municipais que afrontem a Constituição do Estado.

É vedada a legitimação para agir a um único órgão.

9. A competência dos tribunais para o controle difuso da constitucionalidade

Como vimos, nos Estados a ação direta é proposta perante o Tribunal de Justiça e na União Federal perante o Supremo Tribunal Federal, que é o guardião da Constituição. Mas também o controle por via de exceção desembocará no Supremo Tribunal Federal quando a questão de constitucionalidade afrontar a Constituição da República. E isto ocorrerá quando a decisão recorrida:

"a) contrariar dispositivo desta Constituição;

b) declarar a inconstitucionalidade de tratado ou lei federal;

c) julgar válida lei ou ato de governo local em face desta Constituição".

Tudo por via de recurso extraordinário.

Ao Superior Tribunal de Justiça caberá julgar, por via de recurso especial, as causas decididas em única ou última instância, pelos Tribunais Regionais Federais ou pelos Tribunais dos Estados, do Distrito Federal e Territórios, quando a decisão recorrida:

"a) contrariar tratado ou lei federal, ou negar-lhes vigência;
b) julgar válida lei ou ato de governo local contestado em face de lei federal;
c) der a lei federal interpretação divergente da que lhe haja atribuído outro tribunal".

Pode parecer, ainda, que há disposições idênticas atribuindo competência concorrente aos dois Tribunais. Mas, assim, não é. A letra "b" do inc. III do art. 102 e a letra "a" do inc. III do art. 105 se dirigem a situações diferentes.

A que confere competência ao Supremo exige que o confronto seja em face da Constituição da República, e o que o atribui ao Superior, é para a hipótese de confronto com lei federal. Entretanto, cabe notar que a decisão do Superior que declara a inconstitucionalidade de tratado ou lei federal afronta a Constituição da República e dá margem ao extraordinário (art. 102, inc. III, letra "b").

Mas o fato de ao curso do processo se verificar confronto da decisão com a Constituição da República ou com lei federal, não viabiliza a possibilidade de um juízo de admissibilidade do recurso (juízo de prelibação).

Isto porque a questão que vier a ser argüida como inconstitucional por desrespeito à Constituição da República ou a lei federal tem de ter sido prequestionada. Nesse sentido as Súmulas 282 e 356, ambas do Supremo Tribunal Federal.

Súmula 282
É inadmissível o recurso extraordinário, quando não ventilada, na decisão recorrida, a questão federal suscitada.

Súmula 356
O ponto omisso da decisão, sobre o qual não foram opostos embargos declaratórios, não pode ser objeto de recurso extraordinário, por faltar o requisito do prequestionamento.

Esta necessidade se impõe nas questões de confronto com a Constituição, que são de competência do Supremo Tribunal Federal, bem como nas com lei federal, de competência do Superior Tribunal de Justiça. É bom lembrar a Súmula 513 do STF, que determina:

"A decisão que enseja a interposição de recurso ordinário ou extraordinário não é do plenário, que resolve o incidente de inconstitucionalidade, mas a do órgão (Câmaras, Grupos ou Turmas) que completa o julgamento do feito".[26]

Como forma gradativa de ajustamento das decisões dos vários tribunais da Federação a uma instância uniforme, a letra "c" do inc. III do art. 105 confere ao Superior Tribunal de Justiça o recurso especial para o caso de dar-se a lei federal interpretação divergente da que lhe haja atribuído outro tribunal.

10. Os efeitos da sentença que julga da inconstitucionalidade

A sentença tem duas formas de se apresentar no mundo jurídico produzindo seus efeitos. Ou é expressão concreta da vontade do Estado nos limites do pedido e assim é um ato jurídico que atinge somente as partes que controvertem sobre a pretensão do autor. Ou pode ter efeitos como fato Jurídico, com reflexos para todos os integrantes da coletividade jurídica que de fato podem sofrer os efeitos daquela decisão.

---

[26] Ver arts. 480 e segs. do CPC.

Hélio Tornaghi, em suas *Instituições de processo penal,* aponta que já no século passado Adolf Wach se referia aos efeitos da sentença como fato ao tratar da intervenção de terceiros, no seu *Handbuch des Deuschen Zivilprozessrechts,* parágrafo 55, p. 626.[27]

Toda a doutrina alemã posterior estudou efeitos reflexos ou colaterais da sentença.

Esta diferença nas conseqüências da sentença como ato ou como fato jurídico é notada na inconstitucionalidade por via de ação direta ou de exceção.

No controle por exceção ou *incidenter tantum*, a inconstitucionalidade é argüida no caso concreto e o juiz limita-se a apenas dizer que a vontade enunciada na lei de maneira abstrata por ele não será materializada, por considerá-la atentadora a compatibilidade vertical a que nos referimos.

Se, por via de recurso, a decisão proferida chegar ao Supremo Tribunal Federal, ela só terá força impositiva para as partes do processo. Cria, entretanto, no mundo jurídico, os efeitos reflexos de uma decisão definitiva, embora em caso concreto, mas com a força de um precedente em questão constitucional.

No mesmo caso, na hipótese de afronta a lei federal por decisão definitiva do Superior Tribunal de Justiça.

Nesse sentido a regra dos arts. 468 e 472 não dá margem a dúvidas:

> *"A sentença, que julgar total ou parcialmente a lide, tem força de lei nos limites da lide e das questões decididas.*
>
> *A sentença faz coisa julgada as partes entre as quais é dada não beneficiando ou prejudicando a terceiros"...*

Entretanto, o Regimento Interno do Supremo Tribunal Federal, no art. 178, abre a possibilidade de, após o trânsito em julgado da decisão, fazer-se comunicação ao Senado Federal para que o efeito da sentença, como ato jurídico limitado aos estritos termos da demanda, possa ser alargado a todos os súditos do Estado.

---

27 Ob. cit. Vol. 4, p. 353.

Cabe ao Senado, dentro de um juízo político sobre a conveniência ou não de o preceito continuar em vigor, suspender a execução no todo ou em parte da lei declarada inconstitucional por decisão definitiva do Supremo Tribunal Federal (art. 52, inc. X, da CR).

Este controle é conferido ao Senado, pois ele é o representante da Federação, conforme o art. 46 da Constituição da República.

Efeito diverso ocorre na ação direta de inconstitucionalidade. Nela não se discute a subsunção dos fatos ao preceito legal que se argúi de inconstitucional. A ação direta visa a atingir a lei ou ato normativo por sua própria existência, e o efeito vinculante do seu preceito notado abstratamente.

Aqui, a própria lei ou ato normativo em tese, isto é, sem efeitos concretos, é o alvo da ação direta de inconstitucionalidade.

Os arts. 169 e 175 do Regimento Interno do Supremo Tribunal Federal estabelecem os efeitos *erga omnes* da decisão por via de ação direta da corte constitucional, quando expressamente determina que na hipótese a decisão é declaratória. O que não poderia ser de outra forma, em face da natureza da ação direta.

Poderia argumentar-se que os efeitos declaratórios da ação direta não aparecem em nenhuma lei e que o regimento interno não seria lei para determinar a natureza declaratória e os seus conseqüentes efeitos.

Mas é de se notar que a Constituição de 1967, no art. 119, inc. III, parágrafo 3°, letra "c", deferiu ao Supremo a possibilidade de, por via de regimento interno, estabelecer normas de processo e julgamento dos feitos de sua competência originária. Desta forma, embora revogada a Carta de 1967, as normas contidas no Regimento Interno referentes a processo (no caso o efeito declaratório da decisão) foram recepcionadas pelo ordenamento jurídico com força de lei delegada pelo constituinte ao Supremo e com qualidade de lei federal de competência privativa da União (art. 22, inc. I, da CR).

O ideal seria que assunto de tão elevada importância fosse explicitado por uma lei que não desse margem a dúvidas quanto à amplitude dos efeitos da decisão por via direta, mas, por enquanto, é o que temos.

A incerteza quanto ao efeito em ambos os tipos de controle de inconstitucionalidade foi analisada de forma brilhante no parecer do Ministro Rodrigues Alckmin no Processo Administrativo n° 4.477/72, onde expressa a idéia acima exposta.[28]

De todo o exposto, podemos concluir que, na ação direta de inconstitucionalidade, a decisão do Supremo retira de vigência a lei do mundo jurídico, desobrigando a todos do seu cumprimento, e tornando obrigatória a sua não aplicabilidade em qualquer instância da Federação.

Já a por via de exceção, para obter tais efeitos, necessita de, após seu trânsito em julgado, ser suspensa pelo Senado.

11. A ação de inconstitucionalidade interventiva

Esta visa apenas a assegurar a unidade da Federação conformando as ordem jurídicas federal, estadual e municipal aos princípios constitucionais estabelecidos no art. 34, inc. VII, da CR, e a autoridade das funções essenciais do Estado e das unidades federadas de hierarquia superior.

[28] Eis o parecer: 1. "A declaração de inconstitucionalidade de lei ou ato normativo, pelo Supremo Tribunal Federal, tanto pode ocorrer no julgamento da ação direta (Representação, Constituição Federal, art. 119, II, L — atual 103 e incisos) como no julgamento de outras ações. Neste último caso, o julgamento, reconhecendo a inconstitucionalidade, se limita à não aplicação da norma inconstitucional à espécie examinada. Criou a Constituição Federal, entretanto, algo novo, algo mais próximo ao veto, muito embora só nos resultados, na eficácia, que é a suspensão da execução (Pontes de Miranda, *Com. à Constituição de 1967 com a Emenda Const. nº 1/69, III/88)*.
Assim, como a função jurisdicional, no caso concreto, não pode estender a eficácia da declaração de inconstitucionalidade à generalidade dos casos, limitada que está à espécie em apreciação, o Supremo Tribunal Federal comunica o julgado ao Senado Federal que, nos termos do art. 42, VII — atual 52, X, da Constituição Federal, suspende a execução da Lei ou Decreto declarados inconstitucionais.
2. Já nos casos de ação direta, a função jurisdicional, apreciando a Representação, se estende à decretação da inconstitucionalidade da lei ou ato normativo em tese. Não vejo, pois, seja necessária a intervenção do Senado, cabível somente quando, por ser

A regra, como não poderia deixar de ser em um estado federativo, é a não intervenção de qualquer ente de maior competência, no espaço deferido ao outro ente federado (arts. 34 e 35 da CR). Ocorre que é da essência da Federação a sua indissolubilidade (art. 1°), e esta só será garantida com o respeito das unidades federadas ao espaço e às funções essenciais a esta finalidade.

Como já referido, o modelo de federalismo brasileiro estabelece uma hierarquia de poder e autoridade, com a delimitação das competências, e o desrespeito a estes parâmetros dá causa a intervenção para restabelecê-los.

São estes os casos indicados nos incisos dos arts. 34 e 35, que, é bom frisar, são taxativos, já que, claramente, são exceções.

12. O decreto de intervenção

O ato intervencionista, como se verifica do parágrafo 1° do art. 36, é vinculado às hipóteses casuísticas e a amplitude, o prazo e as condições de execução, sendo ainda ato composto da vontade do chefe do Executivo federal ou estadual e da anuência do Legislativo correspondente.

Nos casos do art. 34, VI e VII (prover a execução de lei federal e assegurar a observância dos princípios constitucionais ali especificados), ou do art. 35, IV (dar o Tribunal de Justiça provi-

---

a inconstitucionalidade reconhecida no julgamento do caso concreto, a decisão judicial não possa exercer seus efeitos fora da demanda em que proferida.
Aqui, sim, a manifestação do Senado Federal é indispensável para dar eficácia geral ao julgamento da inconstitucionalidade, além da espécie apreciada no julgamento. No caso de Representação por inconstitucionalidade, porém, o julgamento se refere à lei ou ato normativo, em tese, e a decisão que os tem como inconstitucional encerra, em si mesma, o efeito de excluir-lhes a eficácia. Neste caso, se a Representação se apóia no art.10, VI (primeira parte) ou VII da Constituição Federal, o provimento dela deverá determinar ofício ao Presidente da República, para eventual intervenção no Estado. Nos demais casos de Representação, creio que seria de dar-se ciência do julgado à autoridade competente para executar a lei ou ato normativo a fim de que lhe suste a execução. Se houver desobediência, então, ocorreria a intervenção federal (CF 10, VI) ou crimes de responsabilidade (CF, art. 82, VII). Creio que foi acertado o entendimento de não oficiar-se ao Senado Federal, nos casos de Representação".

mento a representação para assegurar a observância de princípios indicados na Constituição estadual, ou para prover a execução de lei, de ordem ou de decisão judicial), é dispensada a apreciação do Poder Legislativo, devendo o decreto limitar-se a suspender a execução do ato impugnado, se esta medida bastar ao restabelecimento da normalidade.

O procedimento e a hipótese de liminar estão disciplinados nas Leis 4.337/64 e 5.778/72, respectivamente.

13. A ação declaratória de constitucionalidade de lei ou ato normativo federal

A Emenda Constitucional n° 3 de 18.3. 1993, criou a ação declaratória de constitucionalidade de lei ou ato normativo federal dispondo:

As Mesas da Câmara dos Deputados e do Senado Federal, nos termos do § 3° do art. 60 da Constituição Federal, promulgam a seguinte Emenda ao texto constitucional:

Art.102. ....
I — ....

a) A ação direta de inconstitucionalidade de lei ou ato normativo federal ou estadual ***e a ação declaratória de constitucionalidade de lei ou ato normativo federal****;*

§ 1°. A argüição de descumprimento de preceito fundamental, decorrente desta Constituição, será apreciada pelo Supremo Tribunal Federal, na forma da lei.

§ 2°. As decisões definitivas de mérito, proferidas pelo Supremo Tribunal Federal, nas ações declaratórias de constitucionalidade de lei ou ato normativo federal, produzirão eficácia contra todos e efeito vinculante, relativamente aos demais órgãos do Poder Judiciário e do Poder Executivo.

Art. 103 ....

§ 4°. A ação declaratória de constitucionalidade poderá ser proposta pelo Presidente da República, pela Mesa do Senado Federal, pela Mesa da Câmara dos Deputados ou pelo Procurador-Geral da República.

A citada emenda transformou o parágrafo único em parágrafo 1° e acrescentou o parágrafo 2° ao art. 102 e o 4º ao art. 103.

A novidade diz respeito a uma ação direta que, ao declarar a constitucionalidade de um preceito, cria a obrigatoriedade de seu cumprimento por todas as instâncias do Poder Judiciário e do Executivo (§ 2°).

A competência, como não poderia deixar de ser, é do Guardião da Constituição, que é o Supremo Tribunal Federal (§ 1º).

Entretanto, a esfera de análise é mais restrita que na ação direta de inconstitucionalidade, pois apenas as leis e atos normativos federais poderão ser objeto da ação declaratória de constitucionalidade. Excluem-se, portanto, as leis e atos normativos estaduais, que na via direta de inconstitucionalidade podem ser analisados (art. 102, I, "a").

A razão tem sentido lógico. Ao declarar a constitucionalidade de lei ou ato normativo federal, com efeito vinculante, ficam obrigadas a decisão as demais instâncias federativas, e por conseguinte o Estado membro. Isto porque, na inconstitucionalidade se analisa o confronto de uma lei ou ato normativo com a Constituição da República, num juízo hierárquico de baixo para cima, para confrontar a hierarquia vertical de competências estabelecida com o modelo de Estado Federal Brasileiro e adequá-la.

Na declaratória de constitucionalidade esse enquadramento se pretende de cima para baixo, na análise da lei ou ato normativo federal em confronto com a Constituição da República e obrigando, na hipótese de um juízo positivo de constitucionalidade, todas as esferas de autonomia politico-administrativas do Estado Federal Brasileiro a sua observância. Portanto, a compatibilidade decorrerá do efeito vinculante da decisão, que na via direta de inconstitucionalidade, como vimos, é produzida pelos efeitos da sentença que a declara.

14. Os efeitos da sentença do pedido de declaração de constitucionalidade

Na hipótese de um juízo positivo de constitucionalidade não existe dificuldade. Sua força vinculante obriga o cumprimento da lei em todas as instâncias da Federação no âmbito das funções executiva e judiciária, como assinalamos. A dúvida pode ocorrer na hipótese de juízo negativo, ou seja, improcedência do pedido de declaração de constitucionalidade.

Neste caso, a manifestação se equipara à da ação direta de inconstitucionalidade, pois em tratando-se de pretensão declaratória, ou seja, que visa a tornar certo o que antes era duvidoso, a improcedência terá as mesmas conseqüências da procedência da ação direta de inconstitucionalidade: retira de vigência a lei do mundo jurídico.[29]

15. As formas de controle das funções do Estado e sua consonância com o princípio da independência e harmonia dos poderes

Estabelece o art. 2° da Constituição da República que:

"São Poderes da União, independentes e harmônicos entre si, o Legislativo, o Executivo e o Judiciário".

---

[29] Os italianos chamam a sentença declaratória de *setenza di accertamento* e os alemães *Feststellungsurteil.* Ensina Hélio Tornaghi, que, quando se fala em sentença declaratória (meramente declaratória), o que se quer referir não é apenas a operação lógica de acertar, de tornar certo o que antes era incerto. E sim, a operação lógica que dá força de coisa julgada a esse pronunciamento. A sentença meramente declaratória esgota a prestação jurisdicional ao tornar indiscutível o que antes podia ser disputado. Ela é uma forma de tutela jurídica e, até, por demais preciosa. É um fim. Produz efeitos *ex tunc. Instituições de processo penal.* Vol. IV, p. 383.

Tal princípio basilar de um regime político-democrático, que se organiza sob a forma de um governo republicano, tem natureza de cláusula pétrea, conforme o art. 60, § 40, inc. III, da Constituição da República, impossibilitando emenda constitucional ao preceito.

Essa independência dos Poderes do Estado se expressa com o controle de uma função sobre a outra, realizando a famosa doutrina dos freios e contrapesos.[30]

Montesquieu, em seu livro *O espírito das leis*, expõe uma doutrina político-científica, e nela a divisão dos poderes é a essência da liberdade, que, segundo ele, só é possível no Governo Moderado, e mesmo neste, essa possibilidade advém da boa divisão dos poderes, de modo que cada um freie os outros, assegurando-se assim o império da lei. Afirma que, se cada poder se circunscrever as suas funções naturais, e frear os outros poderes para evitar usurpação, o resultado será um Governo moderado onde imperará a lei, e, por conseguinte, a liberdade política para os cidadãos.[31]

É Gomes Canotilho que, fundado em Achterberg, afirma: "A ordenação funcional separada deve entender-se como **uma ordenação controlante-cooperante de funções**. Isto não se reconduz rigidamente a conceitos como "balanço de poderes" ou "limitação recíproca de poder", nem postula uma rigorosa distinção entre funções formais e materiais. O que importa num Estado Constitucional de Direito não será tanto saber se o que o legislador, o governo ou o juiz fazem são atos legislativos, executivos ou jurisdicionais, mas se o que eles fazem **pode ser feito e é feito de forma legítima**".[32]

---

[30] É assente em doutrina a concepção da unidade do poder e de que as funções é que se tripartem em executiva, legislativa e judiciária, e com a Constituição da República de 1988, se quadripartem, pois – criada a quarta função essencial do Estado, que é o Ministério Público, constituído como um Poder (arts.127 a 1 30), e com a missão de defender a ordem jurídica, o regime democrático e os interesses sociais e individuais indisponíveis (art. 127 *caput*). Com essa legitimação passou o *Parquet* a ser o guardião da Democracia e dos valores que a fundamentam.

[31] *O espírito das leis* — Introdução, tradução e notas Pedro Vieira Mota, p. 164, notas 245 e 253.

[32] GOMES CANOTILHO. *Direito constitucional*, p. 370. Cfr. Achterberg, *Probleme*, p. 109.

Na verdade, a hipertrofia de uma função em relação a outra favorece o arbítrio e o despotismo, que se contrapõem a um regime democrático (*demos* = povo, *cracia*= governo).

Mas também cabe ao povo, detentor do poder soberano do Estado, controlar o seu exercício. Esse reconhecimento vem expresso na Constituição da República de 1988, ao afirmar no parágrafo único do art. 1° que:

"Todo poder emana do povo, que o exerce por meio de representantes eleitos ou diretamente, nos termos desta Constituição".

Georges Burdeau, em seu livro *Les libertés publiques,* afirma que "O homem só é livre no Estado livre". A democracia é o Estado livre por excelência. Não é um esquema artificial, imaginado pelos homens, mas o resultado histórico da evolução no sentido da liberdade; foi construída com suor e sangue; por ela milhões viveram afanosamente, por ela milhões morreram heroicamente, por ela todos suspiraram como por um ideal que é preciso atingir. A liberdade é a condição do progresso espiritual e material dos povos e dos indivíduos".[33]

Hoje, a complexidade das relações dos homens com o Estado fez conceber-se a democracia como participação. O seu ponto de partida fundamental é o interesse básico dos indivíduos na autodeterminação política e na abolição do domínio dos homens sobre os homens. A participação é um meio de estabilidade necessário e auxiliar para garantir o Estado de Direito.

A Constituição da República de 1988 expressa esta preocupação quando estabelece a participação dos trabalhadores e empregadores nos colegiados dos Órgãos públicos em que seus interesses profissionais ou previdenciários sejam objeto de discussão

---

[33] *Apud* TORNAGHI, Hélio. *Manual de processo penal — Prisão* e *liberdade.* Vol. 1, p. 33 e segs.

e deliberação (art. 10); assegura, nas empresas de mais de duzentos empregados, a eleição de um representante destes com a finalidade exclusiva de promover-lhes o entendimento direto com os empregadores (art. 11); defere o controle das contas municipais aos contribuintes (art. 31, § 3°); possibilita a qualquer cidadão, partido político, associação ou sindicato, a legitimidade para denunciar irregularidades ou ilegalidades perante o Tribunal de contas da União, como forma de controle externo dos Poderes Legislativo, Executivo e Judiciário (art. 74, § 2°); determina que a seguridade social tenha caráter democrático e descentralizado da gestão administrativa, com a participação da comunidade, em especial de trabalhadores, empresários e aposentados (art. 194, inc. VII): o ensino público seja gerido democraticamente, nos termos da lei (art. 206, inc.VI) e que o Poder Público, com a colaboração da comunidade, promova a proteção ao patrimônio cultural brasileiro, por meio de inventários, registros, vigilância, tombamento e desapropriação, e de outras formas de acautelamento e preservação (art. 216, § 1°).

É o verdadeiro despertar dos brasileiros para um novo regime de liberdades públicas.

A todas essas formas de controle se somam as de controle político e jurídico da constitucionalidade das leis, pois é sob seu império que se erige o Estado de Direito.

A legitimação para a propositura da ação direta de inconstitucionalidade já evidencia o respeito a essa forma de democracia participativa, pois – além do seu deferimento a todas as funções essenciais do Estado – outros segmentos representativos da sociedade brasileira podem exercê-lo.

Assim, dispõem o art. 103 e incisos da Constituição da República, ao afirmar:

Podem propor a ação de inconstitucionalidade:
I – o Presidente da República;
II – a Mesa do Senado Federal;

III – a Mesa da Câmara dos Deputados;
IV – a Mesa de Assembléia Legislativa:
V – o Governador de Estado;
VI – o Procurador-Geral da República;
VII – o Conselho Federal da Ordem dos Advogados do Brasil;
VIII – partido político com representação no Congresso Nacional;
IX – confederação sindical ou entidade de classe de âmbito nacional.

Note-se que a função executiva da União, através do Presidente da República, tem a legitimidade da iniciativa para propor a ação direta. E as duas casas do Congresso Nacional, órgão de representação política dos interesses dos Estados, que é o Senado Federal, e do povo, que é a Câmara dos Deputados, também o exercem.

Respeitando a hierarquia de distribuição de competências político-administrativas do Estado Federal Brasileiro, o controle por ação direta é deferido às assembléias legislativas do Estado membro e ao seu chefe, que é o Governador (incs. IV e V).

Como não poderia deixar de ser, o Ministério Público, função do Estado responsável pela defesa da ordem jurídica e do regime democrático (art. 127, *caput,* da CR), é também legitimado para assegurar o poder do Estado com o controle de constitucionalidade das leis. Nos Estados membros, dentro da sua autonomia político-administrativa limitada, o controle é exercido pelo Procurador-Geral de Justiça, pois as chamadas Constituições estaduais têm de observar os princípios da Constituição da República (arts. 25 e 125), o que determina a legitimação às funções executiva, legislativa e ao Ministério Público, que como órgão "essencial à função jurisdicional do Estado" (art. 127) e guardião da democracia, como referimos, não pode deixar de deter essa atribuição nos Estados membros.[34]

Também o Conselho Federal da Ordem dos Advogados do Brasil detém esta forma de controle, pois sendo os advogados os representantes de pretensões privadas do cidadão frente ao Judiciário, seu órgão federal representa parcela significativa de interesses. Na mesma ordem de importância, os partidos políticos com representação no Congresso Nacional, as confederações sindicais e as entidades de classe de âmbito nacional.

Quanto ao conceito jurídico de entidade de classe de âmbito nacional, decidiu o Supremo Tribunal Federal que:

> "A associação civil se constitui em uma coletividade de pessoas voltadas à finalidade altruística de promoção e defesa de aspirações especificas de determinado setor da sociedade. Assim, não se caracteriza como "entidade de classe" a que é conferida legitimação pelo inc. IX do art. 103 da CF para a propositura da ação direta de inconstitucionalidade" (ADIn 36-5, *in RT* 675/244).

> "Ação direta de inconstitucionalidade. Legitimidade ativa. Entidade de classe de âmbito nacional, para os efeitos do inc. IX do art.103 da CF, a que só reúne empresas sediadas no mesmo Estado, nem a que congrega outras de apenas quatro Estados da

---

[34] O poder constituinte, na teoria de Sieyés, seria um poder inicial, autônomo e onipotente. É inicial porque não existe, antes dele, nem de fato nem de direito, qualquer outro poder. É nele que se situa, por excelência, a vontade do soberano (instância jurídico-política dotada de autoridade suprema). É um poder autônomo: a ele e só a ele compete decidir se, como e quando, deve "dar-se" uma constituição à Nação. É um poder onipotente, incondicionado: o poder constituinte não está subordinado a qualquer regra de forma ou de fundo (CANOTILHO. Ob. cit., p. 98).
Segundo Georges Burdeau, três são os caracteres essenciais do Poder Constituinte:
1. É inicial, porque nenhum outro poder existe acima dele, nem de fato nem de direito, exprimindo a idéia de direito predominante na coletividade;
2. É autônomo, porque somente ao soberano (titular) cabe decidir qual a idéia de direito prevalente no momento histórico e que moldará a estrutura jurídica do Estado;
3. É incondicionado, porque não se subordina a qualquer regra de forma ou de fundo. Não está regido pelo direito positivo do Estado (estatuto jurídico anterior), mas é o mais brilhante testemunho de um direito anterior ao Estado. Para Burdeau seria paradoxal recusar a qualidade jurídica a um poder mediante o qual a idéia de direito se

Federação. Ação não conhecida, por ilegitimidade ativa *ad causam*" (ADIn 386, *in RT* 675/245).

Também no que se refere ao conceito de confederação sindical, decidiu o STF:

"Já firmou esta Corte o entendimento de que, das entidades sindicais, apenas as Confederações sindicais (art. 103, IX, da CF) tem legitimidade para propor ação direta de inconstitucionalidade. Por outro lado, foi recebido pela Carta Magna vigente o art. 535 da CLT, que dispõe sobre a estrutura das Confederações Sindicais, exigindo, inclusive, que se organizem com um mínimo de três federações' (ADIn 505-7, *in RT* 677/240).

---

faz reconhecer e, por conseqüência, se impõe no ordenamento jurídico inteiramente (*Traité de science politique*. 2. ed. Paris: LGDJ, 1969, t. 4, p. 184-5 *apud* Celso Bastos. *Curso de direito constitucional*, p. 28).

ESPÉCIES: PODER CONSTITUINTE ORIGINÁRIO E PODER CONSTITUINTE DERIVADO

A doutrina costuma distinguir duas espécies de poder constituinte: o originário (ou genuíno) e o derivado (ou instituído ou constituído). O primeiro tem caráter inicial, porque produz originariamente o ordenamento jurídico, ao passo que o segundo é instituído na Constituição para o fim de proceder à sua reforma. A produção originária da ordem jurídica se dá na hipótese de formação de um novo Estado (primeira Constituição), ou no caso de modificação revolucionária da ordem jurídica, em que há solução de continuidade em relação ao ordenamento anterior. A reforma normal, ao invés, se dá na conformidade do processo previsto na Constituição e, por isso, apresenta uma continuidade ou desdobramento natural da vida jurídica do Estado.

Alguns autores, como Carl Schimit e Luiz Recaséns Siches, sustentam ponto de vista de que somente o originário é poder constituinte pois somente ele tem caráter inicial e ilimitado, ao passo que o poder reformador retira sua força própria da Constituição, estando limitado pelo direito; no mesmo sentido, Celso Antônio Bandeira de Mello (Celso Bastos. Ob. cit., p. 28).

Sieyés distinguiu entre poder constituinte e poderes constituídos. Há, porém, um poder — o poder de modificar a constituição em vigor segundo as regras e processos nela prescritos que é também considerado como constituinte, embora, por outro lado, ele seja instituído pela própria constituição. Este poder — poder constituinte derivado, poder de revisão, poder constituinte em sentido impróprio — distingue-se do poder constituinte originário. Este último seria um poder que residia sempre na Nação (e não apenas nos momentos de criação de uma constituição), permanecendo fora da constituição (lei constitucional). Nenhum poder de revisão o poderá regular; em nenhum órgão e em nenhum poder da constituição podemos encontrar a sua

Tais legitimações são expressão da democracia participativa para garantir o Estado de Direito, e por conseqüência os Direitos individuais e coletivos que assegura.

15-a. A legitimação na ação declaratória de constitucionalidade

Como dissemos, na ação direta de constitucionalidade, se procura assegurar o Poder do Estado e a autoridade da Constituição como lei fundamental da República Federativa do Brasil, vinculando a decisão às esferas do Executivo e Judiciário dos entes

---

conformação político-jurídica. Permanecendo fora e sobre a constituição, compreende-se que ele não seja um poder vinculado pela constituição. Os poderes constituídos movem-se dentro do quadro constitucional criado pelo poder constituinte. O poder de revisão constitucional é, conseqüentemente, um poder constituído tal como o poder legislativo. Verdadeiramente, o poder de revisão só em sentido impróprio se poderá considerar constituinte; será, quando muito, "uma paródia de poder constituinte verdadeiro" (Canotilho. Ob. cit., p. 99).

PODER CONSTITUINTE ESTADUAL. ESPÉCIES
Manoel Gonçalves Ferreira Filho, ao referir-se às espécies de Poder Constituinte derivado, aponta o de revisão, previsto pela Constituição, para alterá-la, adaptando-a a novos tempos e exigências. E o Poder Constituinte dos Estados Membros de um Estado Federal. O chamado Poder Constituinte decorrente.
Aponta que como o Poder Constituinte instituído, o poder decorrente é subordinado, secundário e condicionado. Só pode agir validamente no âmbito fixado pelo originário (Ob. cit., p. 25).
Não nos *parece* correto a afirmação de que *existe* um Poder Constituinte Derivado aos *Estados Membros. As* características apontadas anteriormente determinam a existência de *apenas* um Poder Constituinte, que é o que elabora *a* lei fundamental. Poderia até se admitir um Poder Constituinte Reformador, em sentido lato, para as hipóteses de emendas à Constituição. Todas as demais atuações das funções do Estado ou do exercício de direitos são asseguradas na lei maior e sob este aspecto, derivam dela. Mas falar-se em Poder Constituinte Derivado é contrapor-se à própria natureza dele.
Os entes Federados que compõem a República Federativa do Brasil, formada pela união indissolúvel dos Estados e Municípios e do Distrito Federal (art.1°) (pois o Município é alçado a categoria de ente federado, o que não existia na Constituição anterior), têm sua competência legislativa, executiva e judiciária, determinada na Constituição da República.

federados. Desta forma, as funções executiva, legislativa, e ao Ministério Publico, é conferida a legitimidade de sua iniciativa. A primeira através do presidente da República e a segunda pelas Mesas do Congresso Nacional, que expressam representação dos Estados e do povo, que são o Senado e a Câmara.

E ao guardião para agir em defesa da Constituição, o Ministério Público Federal, através de seu chefe.

15-b. Controle político e controle jurídico

Ao Executivo é conferido o controle político sobre a conveniência e a oportunidade da entrada ou não em vigor de uma lei através da sanção ou do veto (art. 66, § 10). O Legislativo, por sua vez, pode exercer sua vontade política derrubando o veto pela maioria absoluta dos Deputados e Senadores (§ 4°).

Note-se que em respeito ao principio da independência e harmonia dos poderes, no controle de inconstitucionalidade *incidenter tantum,* cabe ao Senado, dentro de um juízo político de conveniência ou não de o preceito continuar em vigor, suspender a execução no todo ou em parte da lei declarada inconstitucional por decisão definitiva do Supremo Tribunal Federal (art. 52, inc. X), isto, só para a hipótese de controle difuso, como assinalamos (item 9).

Mas o controle jurídico, ou seja, de mérito sobre a inconstitucionalidade, pode ser exercido pelos demais órgãos da soberania.

A função legislativa, através do Congresso Nacional, pode sustar os atos normativos do Poder Executivo, que exorbitem do poder regulamentar, ou seja, atos que extrapolem a esfera de autonomia conferida. Ou ainda dos limites da delegação legistativa (art. 49, inc. V). Este último para o caso da lei delegada de que trata o art. 68.

Como delegação de função legislativa ao Executivo, esta é solicitada pelo Presidente da República, que pode recebê-la, ou não, por decisão do Congresso Nacional (art. 68). Como exceção ao princípio da divisão dos poderes, a resolução do Congresso que a confere deve especificar o conteúdo e os termos do exercício da delegação. Se ela estiver sendo exercida além do que foi conferido, caberá o controle com a sustação do ato.

Também o Executivo exerce o controle, pois cabe ao Presidente da República vetar projeto de lei que considere inconstitucional, no todo ou em parte (art. 60, § 1°).

Da mesma forma o Legislativo, através de suas comissões, deve impedir a apresentação de projeto de lei inconstitucional (art. 58).

Note-se que estes dois últimos são preventivos, ou seja, a lei não entrou em vigor, não obrigando seu cumprimento. Nas duas primeiras, o controle já alcança atos normativos e leis editados, e com comando *eficaz* aos súditos do Estado.

16. Inconstitucionalidade de princípios

Mas não é só pela inobservância do processo de elaboração das leis (inconstitucionalidade formal) ou pela invasão do espaço normativo determinado na Constituição da República (inconstitucionalidade material), que ocorre a inconstitucionalidade de uma lei.

Existem princípios estabelecidos na Lei Magna que têm de ser observados em todas as esferas do Estado Federal Brasileiro.

A Constituição da República, ao estabelecer esta forma de federalismo, distribuiu as funções Executiva, Legislativa e Judiciária, e com a CR/88 o Ministério Público, dentro de uma divisão de competências, onde a evolução centrífuga do nosso federalismo determinou o estabelecimento taxativo do que é função legislativa privativa da União (art. 22). Administrativa privativa (art. 21). Seus bens (art. 20), bem como as competências comuns para atos administrativos da União, dos Estados, do Distrito Federal e dos Municípios (art. 23) e também a competência legislativa concorrente à União, Estados e Distrito federal (art. 24).

Determina, ainda, a competência própria do município (art. 30), baseada na autonomia em torno do seu peculiar interesse, trazida pela Constituição de 1946.

Há, ainda, os chamados princípios estabelecidos da Constituição, que impõem limitação à discricionariedade legislativa da União e dos demais entes federados.

Assim, uma lei federal ajustada à matéria de que trata, e ao processo de iniciativa e votação de sua elaboração, será inconstitucional se afrontar, por exemplo, o princípio da isonomia expresso no art. 50, inc. I, da CR:

"Todos são iguais perante a lei, sem distinção de qualquer natureza, garantindo-se aos brasileiros e aos estrangeiros residentes no País a inviolabilidade do direito à vida, à liberdade, à igualdade, à segurança e à propriedade, nos termos seguintes:

I – homens e mulheres são iguais em direitos e obrigações, nos termos desta Constituição;"

Da mesma forma, toda lei ou ato normativo de qualquer das estâncias de autonomia político-administrativas federadas que afrontem este princípio.

Ou a que desconsiderar o princípio do juiz natural, determinado nos incisos XXXVII e LIII do mesmo artigo:

"não haverá juizo ou tribunal de exceção;"

"ninguém será sentenciado senão pela autoridade competente:"

As exceções a esse princípio, como não poderia deixar de ser, vêm expressas na própria Lei Magna, que estabelece no art. 29, inc. III, a competência do Tribunal de Justiça para o julgamento do Prefeito.

Por constituir exceção ao princípio do Juiz natural, o preceito deve ter interpretação restritiva, sob pena de deixar-se à lei ordinária o poder de criar novas hipótese de foro privilegiado.

É importante notar que o privilégio se dá por prerrogativa de função, à semelhança da competência do Supremo Tribunal Federal para o julgamento do Presidente da República, Vice-Presidente, membros do Congresso Nacional, seus próprios Ministros e o Procurador-Geral da República (art. 102, inc. I, letra "b").

Nos Estados, Distrito Federal e Territórios, a competência é originária dos Tribunais de Justiça para julgar seus juízes e os membros do Ministério Público nos crimes comuns e de responsabilidade, ressalvada a competência da Justiça Eleitoral (art. 96, inc. III).

Assim, qualquer lei estadual, distrital ou federal que crie novas hipóteses de foro privilegiado é flagrantemente inconstitucional, por se contrapor ao principio do juiz natural.

Com mais forte razão se a lei for estadual ou distrital, pois nesta hipótese há invasão do campo de competência privativo da União, já que a competência dos Tribunais é matéria de processo, conforme o art. 22, inc. I.

Note-se que nos termos do art. 25 da Constituição da República:

> *"Os Estados organizam-se e regem-se pelas Constituições e leis que adotarem,* ***observados os princípios desta Constituição****".*

É a chamada competência residual.

Outro princípio importante da Lei Maior é o da divisão dos Poderes, fundada na doutrina de Montesquieu dos freios e contrapesos, até porque a divisão dos Poderes é própria do Estado Federal.

Assim, a todos os entes federados é imposto o dever de observância ao princípio da separação dos Poderes, nos moldes e parâmetros estabelecidos para a União, pois a compatibilidade vertical de competências, estabelecida com o modelo de Estado Federal Brasileiro, impossibilita que na organização do Estado membro se adote forma de distribuição de funções que contrarie o modelo federal.

Por esta razão, não pode o Estado Federado, por exemplo, limitar em sua Constituição o espaço do Poder Executivo ao juízo de conveniência e oportunidade para a prática de atos de sua competência administrativa própria.

A importância desses preceitos determinou sua inclusão entre as cláusulas pétreas da República Federativa do Brasil:

§ 4º. Não será objeto de deliberação a proposta de emenda tendente a abolir:

I – a forma federativa de Estado;
II – o voto direto, secreto, universal e periódico;
III – a separação dos Poderes;
IV – Os direitos e garantias individuais.

17. Ação cautelar nas representações inconstitucionalidade

Tudo que se pede em juízo, antes de estabelecida a relação jurídico-processual, é exercício do direito subjetivo de agir em face do Estado (ação). Se no curso do processo houver necessidade de medidas protetivas de bens ou valores que assegurem a eficácia da decisão definitiva, não existe propriamente exercício de direito de ação, pois a relação processual está estabelecida e apenas se requerem providenciais ao juízo. Há, em verdade, requerimento de medidas cautelares.

As ações cautelares, portanto, existem sempre antes do exercício do direito subjetivo público de o cidadão agir contra o Estado clamando por justiça.

A distinção é importante, pois, ao colocar as ações cautelares como exercício legítimo do direito de ação, devemos aplicar todos os fundamentos que informam a análise sobre se o uso desse direito subjetivo público não está sendo realizado de maneira abusiva. Assim, deverá ser feito o juízo sobre a legitimidade, a possibilidade jurídica do pedido e o interesse.

Como qualquer direito consubstanciado em lei, o direito de ação está sujeito a certas limitações legais.

É evidente que, como poder de exigência em sua potencialidade abstrata contra o Estado, posso exercê-lo sempre. Mas, para que esse meu ato de vontade não consubstancie abuso de direito, e possa germinar como uma semente lançada ao solo, tenho de observar certas exigências:

1º) tem de ser possível ao Estado se manifestar sobre o que peço, ou melhor, o ordenamento jurídico, pelo menos em tese, tem de haver imaginado a hipótese em lei.

Antes de a lei brasileira previr a dissolução da sociedade conjugal pelo divórcio, não era possível fazer tal pedido.

2º) quem age tem de ter legitimidade para tanto, o que significa dizer que, em tese, há que existir correlação entre aquele que age em face do Estado reclamando justiça e a lei que lhe confere o direito que pleiteia como titular do mesmo.

3°) que haja interesse nesta manifestação do Estado exigida pelo direito de ação.

Esse interesse se expressa pelo binômio necessidade-utilidade.

Não há necessidade, por exemplo, em declarar-se a morte de alguém que estava desaparecido e que teve o óbito regularmente atestado.

Tampouco há utilidade em cobrar-se dívida em que as custas do processo lhe ultrapassem o valor.

Em tais casos, o juiz deve negar o direito de ação, por verificar que seu exercício, em vista da necessidade ou nenhuma utilidade, revela falta de interesse e conseqüente abuso na exigência de justiça.

O art. 3° do Código de Processo Civil estabelece que para propor ou contestar ação é necessário ter interesse e legitimidade, não se referindo à possibilidade jurídica do pedido. Isto se dá pelo fato de que a atividade de julgar: aplicar a lei ao caso concreto, implica a necessidade implícita de previsão legal.

O juízo sobre a legitimidade e a possibilidade jurídica do que é pedido é feito objetivamente, correlacionando-se, na legitimacão, o direito que se reclama em juízo e a correspondente titularidade. A possibilidade jurídica deve estar, em tese, prevista na ordem jurídica.

No caso das ações cautelares, ainda soma-se o juízo sobre a existência do *fumus boni iuris* e do *periculum in mora*. Apresenta-se o primeiro quando a situação de fato encontra uma razão fundada no direito. O segundo é o próprio mérito da cautela.

Estabelece o art.102, inc. I, letra "p", que:

"Compete ao Supremo Tribunal Federal, precipuamente, a guarda da Constituição, cabendo-lhe:

I – processar e julgar, originariamente:

p) o pedido de medida cautelar das ações diretas de inconstitucionalidade;"

O Regimento Interno do Supremo Tribunal Federal, por sua vez, nos arts. 21, inc. IV, e 170, § 1°, determina que:

"Art. 21. São atribuições do Relator:

IV – submeter ao Plenário ou à Turma, nos processos da competência respectiva, medidas cautelares necessárias à proteção de direito suscetível de grave dano de incerta reparação, ou ainda destinadas a garantir a eficácia da ulterior decisão da causa;

Art. 170. O Relator pedirá informações à autoridade da qual tiver emanado o ato, bem como ao Congresso Nacional ou à Assembléia Legislativa, se for o caso.

§ 1º. Se houver pedido de medida cautelar, o Relator submetê-la-á ao Plenário e somente após a decisão solicitará as informações".

Devemos atentar para a redação do texto da Constituição, que defere sua possibilidade apenas para o caso de *ação direta de inconstitucionalidade*. A restrição nos parece tem sentido lógico. Como no controle incidental a questão de inconstitucionalidade não é objeto da pretensão principal e sim questão prejudicial ao mérito do verdadeiro objeto do processo, qualquer pedido cautelar com natureza de ação ou de medida se dirigirá a garantir a eficácia do que se pede em juízo. E não, de sustar os efeitos de uma lei que se pretende ver declarada inconstitucional. Isto no caso de vislumbrar-se a possibilidade de lesão de difícil reparação aos súditos do Estado, a sociedade como um todo, a ordem, a segurança e a economia pública, que traduzem *periculum in mora,* mérito da cautela.

Os legitimados serão apenas as pessoas físicas e jurídicas elencadas no art. 103 da Constituição da República. Segue-se aqui a mesma correlação hipotética de análise sobre a legitimidade. Deve assim o relator, ao lhe ser submetida pretensão cautelar, se fazer a seguinte pergunta: "aquele que age pretendendo a proteção de direito suscetível de grave dano de incerta reparação", ou ainda "a garantir a eficácia da ulterior decisão da causa" (art. 21, inc. IV, do RISTF) é legitimado para a ação direta? Se a resposta for positiva, passa-se ao exame das demais condições da ação.

Não nos parece que a hipótese fuja da sistemática que informa o exercício do direito de ação. Para requerer a cautela, por ação ou medida, tem que ser legitimado como parte na principal.[35]

---

[35] Neste ponto ousamos discordar do insigne Michel Temer, quando afirma que: "A linguagem constitucional evidencia que a titularidade para pedir a medida cautelar é diversa da titularidade para representar por inconstitucionalidade. Afora isso, o certo é que a interpretação que admite que qualquer do povo (pessoa física, pessoa jurídica de direito público ou de direito privado) peça a cautelar é consoante com o princípio representativo, adotado pelo constituinte (art. 1°, p.u. da CR).
O que é preciso é que o solicitante da liminar demonstre o seu interesse jurídico no julgamento da representação, ingressando assim como assistente do Procurador-Geral da República.

Tal assistência, aliás, é possível nas representações de inconstitucionalidade e já foi admitida pelo STF. Na representação de inconstitucionalidade 967-SP, provocada pelo Governador do Estado de São Paulo junto ao Procurador-Geral da República, aquele ingressou como assistente e assim foi admitido, chegando a produzir memorial e sustentação oral *(RTJ* 87/1 4). *Elementos de direito constitucional*, p. 51/52.
Como afirmamos, a legitimidade não foge das regras da lei processual; e da interpretação sistemática das legitimações elencadas na lei maior, se infere que o Constituinte as conferiu apenas a segmentos representativos da sociedade brasileira e às demais funções da soberania.
Não nos parece possível a analogia à hipótese de assistência em ação direta de inconstitucionalidade, pois o assistente não é parte, apenas a assiste quando tem interesse jurídico na decisão.
Por esta razão é que o art. 53 do Código de Processo Civil, que se aplica à chamada assistência *ad coadjuvandum*, que é o caso do exemplo acima, estabelece:
"A assistência não obsta a que a parte principal reconheça a procedência do pedido, desista da ação ou transija sobre direitos controvertidos; casos em que, terminando o processo, cessa a intervenção do assistente".

4

O controle incidental de inconstitucionalidade nas ações de interesse difuso

1. Introdução

A concepção de Estado se assenta basicamente na idéia de segurança. Tanto na regulamentação normativa quanto na proteção prática e na fiscalização da liberdade, o Estado usa de sua autoridade. Isso explica por que, entre Justiça e Segurança, o Estado optará pela última, base de sua existência.

A liberdade em si não é uma criação do Direito nem do Estado. Absolutamente certos estão os jusnaturalistas quando afirmam que as liberdades fundamentais são anteriores ao Estado e mesmo inatas. Trata-se de uma anterioridade lógica, não cronológica: posso conceber a Liberdade anteriormente a qualquer cogitação de Estado. Esse não cria a Liberdade, mas, ao contrário, limita-a e lhe regula o uso.

Claro que a Liberdade só é jurídica quando regulada pelo Direito. Mas que a matéria dela, o suporte de fato (o *Tatbestand*) é anterior ao Direito, é inegável. No conceito de Liberdade jurídica (Liberdade no Direito ou no Estado) a substância é a Liberdade e a qualidade, o acidente, é a juridicidade. Numa apreciação alta, o Filósofo do Direito encontra a Liberdade pura, antes mesmo de ela se haver tornado Liberdade jurídica.

Respeitando a liberdade, o Estado não está, condescendentemente, criando para si limitações que poderiam não criar (Teoria da autolimitação do Estado).O que ele faz é ficar onde deve estar: a noção de Estado, o Estado por definição, tem certos limites lógicos. Se o Estado se contém dentro desses lindes, ele está se realizando em sua plenitude, apenas sem procurar ser mais do que é e mais do que deve ser. O Estado que não respeita os limites de seu Ser, já não é apenas Estado, isto é, organização jurídica; passa a ser organização da força e da violência, vai além do Direito e contra o Direito.[1]

Os direitos individuais têm por objeto assegurar o livre desenvolvimento, a liberdade de realização do indivíduo. O Estado falha em sua missão, frauda sua finalidade e perde sua razão de ser quando desrespeita a liberdade individual.

A Constituição da República Federativa do Brasil, seguindo a evolução histórica da Magna Carta Libertatum, de 1215, confirmada em 1225 e novamente ratificada em 1297; do Statutum de tallagio non concedendo, de 1297, a princípio taxa cobrada pelos Reis pelo uso de terras da Coroa, mais tarde, tributo pago aos senhores, em geral, pelo aproveitamento de seus feudos; da Petition of rigths, de 1628; do Habeas corpus act, de 1679; do Bill of rights, de 1689; do Act of settlement de 1701, assegura nos incisos do seu art. 5º, este estado de liberdade jurídica ao cidadão, ao estabelecer:

Art. 5º. Todos são iguais perante a lei, sem distinção de qualquer natureza, garantindo-se aos brasileiros e aos estrangeiros residentes no País a inviolabilidade do direito à vida, à liberdade, à igualdade, à segurança e à propriedade, nos termos seguintes:

E como primado da segurança jurídica, essência do Estado Democrático de Direito, assegura a liberdade individual com o princípio da legalidade, do direito à ampla defesa, e ao contraditório, além da aplicabilidade do princípio da isonomia.

---

[1] TORNAGHI, Hélio. *Manual de processo penal*. Vol. I, p. 28/29.

I – homens e mulheres são iguais em direitos e obrigações, nos termos desta Constituição;

II – ninguém será obrigado a fazer ou deixar de fazer alguma coisa senão em virtude de lei;

LV – aos litigantes, em processo judicial ou administrativo, e aos acusados em geral são assegurados o contraditório e ampla defesa, com os meios e recursos a ela inerentes.

A viga mestra de todo esse sistema se assenta, como não poderia deixar de ser, no princípio da legalidade, gênero de direito individual indisponível, que tem como suas espécies o contraditório e a ampla defesa.

Procurando dar efetividade aos direitos fundamentais que assegura, a Carta Política de 1988 deu ao Ministério Público a função de:

Art. 127. O Ministério Público é instituição permanente, essencial à função jurisdicional do Estado, incumbindo-lhe a defesa da ordem jurídica, do regime democrático e dos interesses sociais e individuais indisponíveis.

Desta forma, o *Parquet*, que até então retirava da legislação ordinária sua legitimação para a tutela do meio ambiente, por exemplo, quando o protege hoje, está, pela sitemática constitucional, garantindo o direito à vida, direito fundamental da pessoa, e que agora tem sua legitimação de defesa conferida a uma função essencial do Estado que é o Ministério Público.

Da mesma forma, todos os direitos subjetivos públicos assegurados ao longo da Lei Maior, quando expressões desses mesmos direitos, impõem a atuação dessa nova função do Estado, organizada à semelhança dos chamados Poderes da República.

Mas não se pense que os ataques à Liberdade somente podem provir de autoridades administrativas. Também o legislador pode feri-la. Daí o poder dado ao Judiciário de exercer o contraste da constitucionalidade das leis.

2. A natureza jurídica dos chamados interesses difusos

Assim, todos os direitos subjetivos públicos, assegurados na Constituição da República, têm a tutela, por imposição constitucional, do Ministério Público, que deverá praticar todos os atos necessários para garanti-los.

Essa concepção, esse modo de atuar a partir dessa legitimação, é que o coloca, como tutor do princípio da isonomia, por exemplo, quando pratica ações para obrigar ao cumprimento do preceito do art. 205, que determina que a educação é direito de todos e da família, o que determina que a União aplique nunca menos de dezoito, e os Estados, o Distrito Federal e os Municípios vinte e cinco por cento, na manutenção e desenvolvimento do ensino, sendo que nos dez primeiros anos da promulgação da Constituição o Poder Público deve aplicar, pelo menos, cinqüenta por cento dos recursos a que se refere o artigo 220, para eliminar o analfabetismo e universalizar o ensino fundamental (art. 60 do Ato das Disposições Transitórias).

Mas essa forma de atuar para proteger a liberdade individual como um todo é mais sentida quando o Estado desrespeita o princípio da legalidade, instituindo tributo sem observância à adequação prevista na lei maior.

Quando o indivíduo é compelido a pagar ao Estado determinada prestação não autorizada pela Constituição, não apenas se infringe o princípio da legalidade, mas em verdade se inobserva o primado básico de sua existência que se assenta na idéia de segurança.

Assim, todos os direitos subjetivos públicos como expressão direta dos direitos fundamentais têm a natureza jurídica de interesses difusos, pois, quando não observados, atingem o próprio Estado Democrático de Direito, legitimando o Ministério Público à prática de atos para restabelecer a lesão que atinge a toda a coletividade.

3. O primado da legalidade e o sistema de controle de inconstitucionalidade das leis

Há dois tipos de controle que decorrem explícita ou implicitamente da Constituição da República. O por via de ação direta, previsto em matéria federal no art. 103 c/c 102 inc. I, letra "a", da CR. E o por via de exceção decorrente do sistema e previsto implicitamente no art. 102, inc. III, letra "a", da Carta da República, no Regimento Interno do Supremo Tribunal Federal, arts. 176 e segs, no art. 480 do Código de Processo Civil e no Regimento Interno de todos os tribunais da Federação. Este consubstanciado no princípio de que qualquer juízo, desde a mais inferior instância, não está obrigado a aplicar ou respeitar lei que considere inconstitucional.

Sem um sistema que garanta o controle da legalidade dos atos do Estado, não será possível o regime democrático e a garantia das liberdades públicas no Brasil.

Como instrumentos constitucionais de tutela desse estado de liberdade a Constituição assegura o mandado de segurança, para proteger direito líquido e certo, não amparado por *habeas corpus* ou *habeas data*, quando o responsável pela ilegalidade ou abuso de poder for autoridade pública ou agente de pessoa jurídica no exercício de atribuições do Poder Público (inc. LXIX do art. 5º da CR), além do mandado de injunção, sempre que a falta de norma regulamentadora torne inviável o exercício dos direitos e liberdades constitucionais e das prerrogativas inerentes à nacionalidade, à soberania, à cidadania (inc. LXXII). Portanto, quando a carência de norma impossibilite a efetividade desses direitos.

Para o controle da legalidade dos atos do Estado, usualmente, o Ministério Público e o particular têm utilizado a ação civil pública para sua tutela.

Entretanto, é importante observar que, assim como se tem utilizado esse instrumento para a defesa do cidadão contra a cobrança ilegal de tributos, o próprio mandado de segurança se presta a tal finalidade, desde que a questão que embasa a ordem de não cobrar seja fundada em uma inconstitucionalidade.[2]

São as hipóteses de cobrança de taxas de iluminação pública ou renovação de alvará, por exemplo, onde a constrição ao pagamento contrasta com o conceito expresso na Lei Maior. Nesses casos, o controle incidental tem sido o mais utilizado para a defesa do Estado de Direito, pois a ação direita de inconstitucionalidade, embora mais eficaz, não tem a peculiaridade de pretender a abstenção da cobrança de forma célere.

As formas incidentais de controle, normalmente utilizadas através da ação civil pública (Lei 7.347/85), têm sido de extrema eficácia, embora o pedido de segurança seja ainda mais rápido, pois após as informações terá o magistrado que prolatar sua decisão.

4. Os interesses difusos e os efeitos jurídicos das decisões por via de ação direta e incidental no controle da constitucionalidade

Entretanto, tal realidade tem sido obstada por considerações que partem da premissa de que os efeitos do controle incidental em ações de tutela de interesses difusos são os mesmos da ação direta de inconstitucionalidade, abrindo a possibilidade de decisões conflitantes entre os juízos de primeira instância, os Tribunais de Alçada, e os Tribunais de Justiça competentes para julgar em ação direta a pretensão declaratória de lei inconstitucional.

---

[2] Para aprofundamento sobre a Legitimação do Ministério Público no Mandado de Segurança para Controle da Legalidade da Atuação Estatal, ver nosso *Direito público — Temas polêmicos*, p. 23. A posição restou positivada na Lei 8.625, de 12.2.93, que em seu art. 32 conferiu expressamente a legitimidade para o mandado de segurança ao *Parquet*: "Além de outras funções cometidas nas Constituições Federal e Estadual, na Lei Orgânica e demais leis, compete aos Promotores de Justiça, dentro de suas esferas de atribuições:
I – impetrar *habeas corpus* e mandado de segurança e requerer correição parcial, inclusive perante os Tribunais locais competentes.

Arnoldo Wald, por exemplo, em artigo entitulado: "Usos e abusos da ação civil pública", afirma que em várias oportunidades tem ela sido utilizada como verdadeiro substitutivo da ação direta de inconstitucionalidade, com a diferença de ser a competência para o julgamento do Juiz singular e não do Supremo Tribunal Federal, na esfera da União.[3]

E sustenta sua posição afirmando:

"Ora, conhecemos no Direito brasileiro os controles abstrato e concreto. O abstrato é de competência exclusiva do Supremo Tribunal Federal e o controle só se aplica em casos específicos ou de modo incidental. Como a decisão da ACP tem efeitos *erga omnes*, não pode ensejar o controle da constituição da lei por via disfarçada, como usurpação da competência do Supremo Tribunal Federal.

Esta impossibilidade decorre da inviabilidade das duas conseqüências alternativas:

a) ou a inconstitucionalidade é declarada localmente "tão-somente na área de competência do juiz", e, aplicando-se *erga omnes*, cria um "Direito substantivo estadual diferente do nacional" e viola a Constituição que estabelece a unidade do Direito substantivo, havendo até a possibilidade de se criar um Direito específico aplicável em determinada localidade, e não em todo o Estado, quando a área de jurisdição do Juiz Federal é inferior à do Estado, situação que ocorre no Estado do Paraná;

b) ou a inconstitucionalidade é declarada pelo magistrado de primeira instância, para ter efeitos no plano nacional e há usurpação, pelo Juiz, da função do Supremo Tribunal Federal.

O caráter excepcional do controle de constitucionalidade *in abstracto* foi salientado, no Supremo Tribunal Federal, pelo Ministro Moreira Alves, que a respeito afirmou:

"O controle de constitucionalidade *in abstracto* (principalmente em países em que, como o nosso, se admite, sem restrições,

[3] *Seleções jurídicas ADV*, janeiro 1995, p. 8.

o *incidenter tantum*) é de natureza excepcional, e só se permite nos casos expressamente previstos pela própria Constituição, como consectário, aliás, do princípio da harmonia e independência dos Poderes do Estado" (RE nº 91.740 – RS, *in RTJ* 93 (1) 361/462)".

E prossegue.

"A tese do descabimento da utilização da ação civil pública para afastar normas inconstitucionais teve, aliás, o ensejo de ser defendida, em Congresso do Ministério Público e em outros pronunciamentos, pelo Procurador da República Gilmar Ferreira Mendes".

Por sua vez, vários acórdãos consideram a ação imprópria para este fim, destacando-se os acórdãos do Tribunal de Alçada do Rio Grande do Sul, que se manifestaram em ações civis públicas intentadas para que fosse devolvido aos contribuintes o IPTU inconstitucionalmente aumentado pelo Município. Neste sentido, decidiu a Egrégia 1ª Câmara do Tribunal de Alçada do Rio Grande do Sul, ao apreciar a Apelação Cível nº 191130194, em 10.12.91, esclarecendo na ementa do acórdão que: " Ação civil pública. Ação direta de inconstitucionalidade de tributo travestida de ação civil pública. Descabimento".

O acórdão reconheceu que inexiste viabilidade de ação civil pública para a defesa de interesses individuais homogêneos e acrescentou que também era imprópria a ação por pretender que fosse reconhecida uma inconstitucionalidade *erga omnes*. Foi a seguinte a conclusão da decisão: Existe ainda uma outra razão para idêntico resultado. É que, em se tratando de tributo acoimado de inconstitucional, há a previsão constitucional de ação direta de inconstitucionalidade. O art. 102 da Constituição da República atribuiu ao Supremo Tribunal Federal competência para processar e julgar originariamente a ação direta de inconstitucionalidade de lei ou ato normativo federal ou estadual.

O art. 97 da Constituição Estadual atribui ao Tribunal de Justiça competência para processar e julgar a ação direta de inconstitucionalidade de lei ou ato normativo estadual perante a Constituição Federal, inclusive por omissão. Ora, tanto a ação direta de inconstitucionalidade quanto a ação coletiva para a defesa de direitos individuais homogêneos produzem efeitos *erga omnes*.

Admitida, portanto, a ação civil pública para obstar a cobrança de tributo havido por inconstitucional, ABRE-SE A POSSIBILIDADE DE PRESTAÇÃO DE SENTENÇAS CONTRADITÓRIAS, COM EFEITOS IGUALMENTE *ERGA OMNES*, o que resulta absurdo. Imagine-se, no caso do Rio Grande do Sul, uma ação civil pública julgada pelo Tribunal de Alçada, afirmando a inconstitucionalidade de um tributo municipal e uma outra ação, direta de inconstitucionalidade, julgada improcedente pelo Tribunal de Justiça. Qual decisão prevalecerá *erga omnes*? A proferida em primeiro lugar? A proferida por último? A proferida pelo Tribunal Superior? A simples possibilidade desse caos está a demonstrar a impossibilidade da ação civil pública quando possível ação direta de inconstitucionalidade" (*Julgados do Tribunal de Alçada do Rio Grande do Sul*, 81/216 a 219).

No mesmo sentido do estudo e com as mesmas dúvidas o acórdão da 5ª Câmara Cível do Tribunal de Alçada do Rio de Janeiro, na Apelação nº 3.269/96, em ação civil pública para obstar a cobrança da taxa de iluminação pública ajuizada pelo Ministério Público do Rio de Janeiro.

As afirmações, e as decisões, com todas as vênias, partem de uma premissa errada que os conduz a uma conclusão infundada.

Consideram que os efeitos do controle de inconstitucionalidade por ação direta são os mesmos do *incidenter tantum* em ação civil pública.

Mas, assim, não é.

Estabelecem os arts. 460, 461, 468 e 469 do Código de Processo Civil que:

Art. 460. É defeso ao Juiz proferir sentença, a favor do autor, de natureza diversa da pedida, bem como condenar o réu em quantidade superior ou em objeto diverso do que lhe foi demandado.

Art. 461. Na ação que tenha por objeto o cumprimento de obrigação de fazer ou não fazer, o juiz concederá a tutela específica da obrigação ou, se procedente o pedido, determinará providências que assegurem o resultado prático equivalente ao do adimplemento.

Art. 468. A sentença, que julgar total ou parcialmente a lide, tem força de lei nos limites da lide e das questões decididas.

Art. 469. Não fazem coisa julgada:

I – os motivos, ainda que importantes para determinar o alcance da parte dispositiva da sentença;
II – a verdade dos fatos, estabelecida como fundamento da sentença;
III – apreciação da questão prejudicial, decidida incidentemente no processo.

Esses os preceitos que informam a sistemática do Código de Processo Civil no que respeita à correlação entre o pedido e a sentença e os limites objetivos e subjetivos da coisa julgada.

Estabelece, portanto, a lei de processo, várias premissas.

No que respeita a pedidos de abstenção de cobrança de taxas inconstitucionais por inadequação ao conceito expresso na Constituição da República (art. 145, inc. II), a primeira delas, conforme os arts. 460 e 461, é a de que o pedido na ação civil pública ou no mandado de segurança, é sempre o de obrigar o Poder Público a se abster da cobrança. Este o limite objetivo da sentença.

A decisão nesse sentido, faz coisa julgada *erga omnes*, por força do art. 16 da Lei da Ação Civil Pública (Lei 7.347/85), apenas nos limites do pedido. Em outras palavras, o Poder Público estará, na hipótese de procedência, obrigado a não cobrar a taxa correspondente ao serviço, a todos os sujeitos passivos da obrigação. Não pode pretender cobrar de uns e beneficiar outros. Na situação inversa, poderá cobrar de todos. Estes os limites subjetivos da demanda por força do preceito.

No que respeita a esses limites determinados no art. 468, a parte nesse processo é o Ministério Público como um legitimado extraordinário constitucional, nos termos do art. 127 da Constituição da República, para a tutela da ordem jurídica, representada pela segurança das relações jurídicas no Estado Democrático de Direito; do regime democrático, expresso pela defesa de todas as liberdades públicas no Brasil, e os interesses sociais, que se traduzem por todas as chamadas "violações de massa", hoje regulamentadas em grande parte no Código de Defesa do Consumidor; e os direitos individuais indisponíveis, que se traduzem por todos os direitos fundamentais expressos na Carta da República.

Todos os sujeitos passivos tributários não são partes, mas apenas beneficiários da decisão, e podem ser representados em juízo ativamente pelo Ministério Público ou qualquer pessoa jurídica legitimada pela lei ordinária (Lei nº 7.347/85, art. 5º).

No pólo passivo, a parte é o ente público titular do injustificado crédito tributário.

No caso de procedência da pretensão, os parâmetros deste pedido se limitam a impor ao Poder Público a obrigação de não cobrar, partindo-se da análise incidental de que o pagamento é abusivo por inconstitucional. É como se o juiz dissesse: *por no meu juízo considerar inconstitucional a lei que instituiu o dever de pagar, determino que o credor tributário não efetue a cobrança enquanto não declarada inconstitucional ou não a exigência.*

Este juízo prejudicial sobre a inconstitucionalidade não faz coisa julgada nos expressos termos do art. 469, inc. III, do CPC, como referimos.

Como então atribuir-lhe efeitos *erga omnes?*

Nos perdoem a ousadia, mas, ao que parece, se confunde efeitos de fato produzidos pelo ato jurídico sentença, com efeitos jurídicos decorrentes da decisão que declara, por ação direta, a inconstitucionalidade ou não da lei.

Já no século passado, Adolf Wach se referia aos efeitos da sentença como fato ao tratar da intervenção de terceiros

(*Thatbestandswirkung des Urtheils*), no seu *Handbuch des deuschen Zivilprozessrechts*, parágrafo 55, p. 626.[4]

Toda a doutrina alemã posterior estudou os efeitos reflexos ou colaterais da sentença.

No caso da ação civil pública ou mesmo no mandado de segurança, a questão prejudicial da inconstitucionalidade, no que respeita às partes do processo, tem apenas efeitos *erga omnes* de fato.

Note-se que a pretensão, em qualquer hipótese, é constitutiva negativa, pois envolve obrigação de não fazer, com efeitos *ex nunc*.

Não se deve confundir com a decisão declaratória sobre a inconstitucionalidade, esta sim, com efeitos *erga omnes de iure*, pois torna certo o que antes era incerto, retirando do mundo jurídico a força vinculante do preceito acoimado de inconstitucional ou declarando a constitucionalidade no caso de improcedência e obrigando, conseqüentemente a todos o seu cumprimento.

A eficácia da decisão na ação direta, segundo voto do Ministro Moreira Alves "se exaure na declaração de que o ato normativo é inconstitucional (e, portanto nulo desde a origem) ou constitucional (e, conseqüentemente válido).[5]

Os italianos chamam a sentença declaratória de setenza di accertamento e os alemães Feststellungsurteil. Ensina Hélio Tornaghi que, quando se fala em sentença declaratória (meramente declaratória), o que se quer referir não é apenas a operação lógica de acertar, de tornar certo o que antes era incerto. É, sim, a operação lógica que dá força de coisa julgada a esse pronunciamento. A sentença meramente declaratória esgota a prestação jurisdicional ao tornar indiscutível o que antes podia ser disputado . É um fim. Produz efeitos *ex tunc*.[6]

---

[4] TORNAGHI, Hélio. *Instituições de processo penal*. Vol. IV, p. 353.

[5] Ação Direta de Constitucionalidade 01 — Voto do Ministro Moreira Alves — *apud* CLÉVE, Clémerson – *A Fiscalização abstrata de constitucionalidade no direito brasileiro*, p.162.

[6] *Instituições de processo penal*. Vol. IV, p. 383.

Na hipótese de improcedência da ação direta de inconstitucionalidade pelo Tribunal de Justiça, ou pelo Supremo Tribunal Federal na órbita da Justiça Federal, que nesses casos declaram a constitucionalidade da lei, com efeitos *erga omnes*, aqui sim com eficácia jurídica, ou seja, com o poder causal de afirmar a constitucionalidade, obrigando a todos sua observância, não colide com a decisão de primeira instância ou em grau de recurso do Tribunal de Alçada ou Justiça por suas Câmaras, que, *incidenter tantum*, em ação civil pública, considera a inconstitucionalidade e por via de conseqüência, determina a abstenção da cobrança.

Isto porque, nesta hipótese, estará o Poder Público, por sentença, esta sim, com efeitos *erga omnes de iure*, obrigado a respeitar a autoridade dessa decisão, e por via de conseqüência, afastada a obrigatoriedade da abstenção da cobrança que considerou como premissa a inconstitucionalidade.

É importante observar, que a existência de interesse difuso determina a impossibilidade de identificação dos beneficiários da suspensão da cobrança inconstitucional, pois o direito em discussão é de todos.

Assim, no exemplo da taxa de iluminação, o simples fato de uma pessoa se mudar para o Município que instituiu sua cobrança a coloca como titular desse interesse.

Da mesma forma, todos os consumidores que adquirirem bens de consumo no Município pagarão o custo da taxa repassado aos produtos pelos comerciantes.

5. A natureza cautelar do controle incidental de inconstitucionalidade nas ações de interesse difuso

Como se pode notar, a decisão incidental em pretensão de tutela de interesses difusos tem natureza jurídica de ação cautelar, pois subsiste até os efeitos da coisa julgada na ação direta.

O que realmente caracteriza as providências acautelatórias e as distingue das demais é o fato de elas serem provisórias e instrumentais.

Destinam-se a vigorar enquanto não se tomam as definitivas, e nisso consiste sua provisoriedade.

As providências assecuratórias se destinam a prevenir, com a necessária urgência, o dano que resultaria da demora da providência definitiva, e no caso de tributos, a proliferação de demandas individuais para a repetição do indébito, na hipótese da ação direta declarar a inconstitucionalidade da cobrança.

A providência definitiva, decorrente da ação direta, e ditada após o cuidadoso estudo da matéria de fato e de direito, atende às exigências da Justiça; a provisória, ordenada com presteza e celeridade, responde aos reclamos de segurança.[7]

Ainda mais, quando o que se tutela é o direito fundamental da pessoa de só ser compelida a fazer alguma coisa em virtude de lei que não confronte com a Constituição da República.

O controle incidental nas ações de interesse difuso assegura o Estado de Direito, dando efetividade aos direitos fundamentais expressos na Constituição.

Garante o sistema da Constituição rígida no Direito Brasileiro, se revelando de grande utilidade na proteção das liberdades públicas no Brasil, tutelando os direitos que a Carta da República assegura.

Por todas esses razões, parece oportuna a lição de Ronaldo Poletti, quando afirma:

"As eventuais situações de fato geradas pelos efeitos práticos indevidos, emanados da lei inconstitucional antes da declaração judicial da inconstitucionalidade, devem ser resolvidas sem prejuízo da dogmática do controle de constitucionalidade. O fundamento para essa solução há de estar na própria ordem jurídica, a qual

---

[7] TORNAGHI, Hélio. Ob. cit. Vol. 3, p.7.

está, teoricamente, apta a resolver todos os casos, ainda que nela não explicitados. Assim é que há categorias jurídicas a aplicar àquelas situações, como a imperatividade da justiça, a certeza do direito provocada pela lei (não obstante inconstitucional), a segurança das relações jurídicas, a paz social, etc. Tais categorias devem ser utilizadas, e certamente isto acontece, pelos tribunais na solução dos casos concretos em que a nulidade da lei possa gerar prejuízos à boa distribuição da Justiça".[8]

E Rubio Llorente, quando trata da jurisdição constitucional como forma de criação do Direito, assevera:

"É necessário, todavia, certa dose de criatividade".[9]

Hipótese mais complexa seria a de duas ações diretas, a primeira no âmbito do Estado federado, argüindo a inconstitucionalidade de lei municipal ou estadual que colide com artigo da Carta estadual que reproduz preceito da Constituição da República. Aqui, sim, cabe a indagação: Qual decisão prevalecerá, posto que ambas têm efeitos *erga omnes de iure* ?

É evidente que a do Supremo Tribunal Federal, que como Corte Constitucional da República tem jurisdição em toda a Federação, cabendo-lhe a guarda da Constituição nos expressos termos do art. 102, inc. I, letra " a", da Lei Maior.

Art. 102. Compete ao Supremo Tribunal Federal, precipuamente, a guarda da Constituição, cabendo-lhe:

I – processar e julgar originariamente:

a) a ação direta de inconstitucionalidade de lei ou ato normativo federal ou estadual;

No sentido da possibilidade, já se manifestou a Corte Constitucional ao afirmar:

---

[8] *O controle de constitucionalidade das leis*, p. 119.

[9] "La jurisdicción constitucional como forma de creación del derecho". *Revista Española de Derecho Constitucional*, 1988, 22, p. 36 e segs.

Ementa: Reclamação com fundamento na preservação da competência do Supremo Tribunal Federal. Ação direta de inconstitucionalidade proposta perante o Tribunal de Justiça na qual se impugna Lei municipal sob a alegação de ofensa a dispositivos constitucionais estaduais que reproduzem dispositivos constitucionais federais de observância obrigatória pelos Estados. Eficácia jurídica desses dispositivos constitucionais estaduais. Jurisdição constitucional dos Estados membros.

Admissão da propositura da ação direta de inconstitucionalidade perante o Tribunal de Justiça local, com possibilidade de recurso extraordinário se a interpretação da norma constitucional estadual, que reproduz a norma constitucional federal de observância obrigatória pelos Estados, contrariar o sentido e o alcance desta. Reclamação conhecida, mas julgada improcedente.[10]

Por todas essas razões, vê-se que o controle incidental de inconstitucionalidade nas ações de interesse difuso, é importante instrumento de segurança da estabilidade das relações jurídicas no Estado Democrático de Direito, e de forma alguma compromete o sistema de controle de inconstitucionalidade das leis no Brasil.

Em verdade, é o mais eficaz meio de defesa contra os abusos do Poder Público à liberdade jurídica estabelecida com a Constituição da República.

Ao Ministério Público, por dever constitucional, cabe o controle da legalidade tributária através do controle incidental nas ações de interesse difuso, aperfeiçoando o controle de uma função essencial do Estado sobre outra.

[10] RCL-383; Reclamação — Julgamento 11.6.1992 —Tribunal Pleno — DJ 21.5.93.

5
A inconstitucionalidade das normas constitucionais

1. Introdução

A possibilidade de ocorrência de normas constitucionais inconstitucionais sempre foi mais verificada em Estados que tiveram, em tempos recentes, experiências com uma ditadura.

Mas a hipótese também é passível de ocorrer num Estado de Direito Democrático, e dela se ocupou o Prof. Otto Bachof, da Universidade de Tübingen, na Alemanha.[1]

A questão se restringe, em princípio, à possibilidade de ocorrência de normas constitucionais inconstitucionais, ou inválidas, e da competência dos tribunais constitucionais para decidir a esse respeito, e à questão de saber se as normas constitucionais de uma determinada unidade política (*Gemeinwesen*), em concreto: da Federação ou de um Estado Federado, podem estar em contradição com a Constituição precisamente dessa unidade política. Se, portanto, dentro de uma só e mesma unidade política, e tomando como referência apenas a sua ordem jurídica, uma norma da Constituição pode ser inconstitucional, e se os tribunais constitucionais competentes podem ser chamados a decidir sobre tal contradição.

[1] BACHOF, Otto. *Normas constitucionais inconstitucionais?* Livraria Almedina, 1994.

Na discussão, se inclui a questão da apreciação das normas constitucionais ditas contrárias ao direito natural, isto é, que infringem o direito supralegal, conquista da história da Humanidade (direitos fundamentais).

Como a função precípua do Estado é a segurança, estabelecendo uma ordem que assegure os mais básicos direitos do homem, tem grande significado prático a positivação do direito supralegal, operada pelas próprias constituições, estabelecendo uma sintonia entre a inconstitucionalidade e a contradição do direito fundamental.

A possibilidade de um tribunal estar autorizado a recusar aplicação a uma norma constitucional poderá pôr-se, apenas, no caso dessa norma infringir princípios basilares da lei moral, posto que é reconhecido ao legislador a vinculação de se guiar pela finalidade de Justiça , como critério orientador da atividade normativa.

Nesse sentido a jurisprudência alemã segue visivelmente a cuidadosa delimitação de Radbruch (*SJZ* 1946, 107; agora também em *Rechtsphilosophie*, 4. ed., p. 353), segundo o qual o direito incorreto só terá de ceder perante a justiça onde a contradição da lei falte inteiramente desde o princípio, em conseqüência de uma negação consciente da justiça e da lei moral, a qualidade de direito.[2]

Entretanto, é importante expressar posições da jurisprudência em outros sentidos:

1º. O Supremo Tribunal Federal alemão, em acórdão de 15.3.1951 (III ZR 153/50), afirmou que não se verifica uma infração aos direitos da lei fundamental, quando o legislador constitucional abre exceções aos preceitos por ele próprio estabelecidos, posto que, por definição, uma norma da Lei Fundamental não pode estar em contradição com a própria lei fundamental.

Mas é de se notar que a questão da norma constitucional poder ser objeto de controle pelos tribunais, no tocante a

[2] Ob. cit., p. 20.

inobservância de um direito supralegal, ou expressão daqueles direitos que representam conquistas da Humanidade, é deixada em aberto.

2º . O Tribunal de Düsseldorf não recusa a possibilidade de uma norma constitucional ser inválida por infração dos princípios do Estado de Direito, apenas não quer submeter a situação ao conceito de inconstitucionalidade, e nessa medida, nega a competência judicial de controle pelos tribunais constitucionais.[3]

Da mesma forma a doutrina apresenta opiniões divididas:

1º. Revela prevalência a orientação que toma como padrão da constitucionalidade o direito constitucional material e também pretende estender a competência judicial de controle à compatibilidade de normas da Constituição simplesmente formais, com o direito constitucional material, e até em parte com o direito supralegal.

2º. Não pode ser missão da jurisdição chamar a si o direito de legislação constitucional, isto é, o direito supremo conferido ao Poder Legislativo e ao povo no seu conjunto na República Democrática. O responsável pelo sistema de valores sobre o qual se ergue uma Constituição, e pelo qual tem de aferir-se a sua bondade e a sua valia, é o povo e não um tribunal de nove homens. Nem só a jurisdição pode ser guarda da Constituição: guarda da Constituição também o é o Parlamento (Landtag).

Dessas premissas extraem-se duas conclusões:

1ª. É recusada a faculdade de os Tribunais, inclusive os tribunais constitucionais, considerarem como inválidas, seja qual for o fundamento, normas da Constituição.

2ª. É negada toda possibilidade de contradição de normas constitucionais com o direito supralegal, pois parte-se da idéia de

---

[3] Ob. cit., p. 21.

que o legislador constitucional é autônomo no estabelecimento do sistema de valores da Constituição.

Merece referência a posição de Spanner, que fundado em Kelsen, sustenta que uma competência judicial de controle só é admissível tomando como padrão a Constituição e de que, pelo contrário, não pode ter lugar um controle segundo critérios extrapositivos, porque o recurso a estes critérios é suscetível, em larga medida, de pôr em perigo a subsistência da jurisdição constitucional. A jurisdição constitucional é, como qualquer jurisdição, execução de normas.[4]

Entretanto, consideram que o direito consuetudinário no domínio da Constituição material pode servir de base ao controle judicial, na medida em que a ordem jurídica de um certo Estado admita o direito consuetudinário como fonte do direito constitucional.

No nosso caso, embora ainda não plenamente utilizado, o mandado de injunção, previsto na Constituição de 1988, sempre que a falta de norma regulamentadora torne inviável o exercício dos direitos e liberdades constitucionais e das prerrogativas inerentes à nacionalidade, à soberania e à cidadania (art. 5º, inc. LXXI), se funda no costume, como autêntico remédio da *equity*, ou seja, da jurisdição de eqüidade dos sistemas da *Common Law*, e se baseia naquilo que nos parece justo para a efetividade dessa gama de direitos, com base em razões econômicas, sociais, religiosas, políticas, etc, enfim, tudo que trazemos dentro de nós para realizar uma norma justa.[5]

A controvérsia sobre a questão de saber se o padrão supremo para o exercício da competência judicial de controle reside em normas supra-estatais, princípios de direito natural, ou outros valores metafísicos, e se o tribunal que detém a faculdade de controle pode negar aplicação a uma lei com fundamento da violação

---

[4] *Veröffentlichungen der Vereinigung der Deustschen Staatsrechtslebrer*, fascículo 5, p. 65ss (68 ss).

[5] Sobre o mandado de injunção ver nosso: *O Ministério Público e a sociedade*, p.166 e segs.

deles, ficou praticamente resolvida com a decisão da Lei Fundamental Alemã sobre a aplicabilidade direta (Aktualität) dos direitos fundamentais nela reconhecidos (art. I, nº 3) e sobre a vinculação da legislação à ordem constitucional (art. 20, nº 3) e ao princípio da igualdade (art. 3º, nº I).[6]

Além das posições mencionadas, vale referência as observações de Mallmann a propósito de um acórdão do OVA de Baden (Freiburg). Mallmann deduz da essência da ordem constitucional material hodierna a proibição do arbítrio, vinculante também para o legislador.

Nesse sentido também a posição de Friesenhahn que adere a tese do VerfGH da Baviera sobre a nulidade de normas constitucionais que infrinjam direito com precedência sobre a Constituição.[7]

Também nesse sentido Otto Bachof, afirmando que o legislador constitucional está vinculado ao direito supralegal, e que é possível, portanto, deixar de observar, em virtude da infração de tal direito, normas constitucionais positivas.[8]

2. O conceito de constituição material e formal

Entende-se por constituição em sentido material o conjunto de normas jurídicas sobre a estrutura, atribuições e competências dos órgãos supremos da Nação, suas instituições fundamentais e a posição do cidadão em relação ao Estado.[9]

No sentido formal será uma lei qualificada essencialmente através de características formais, particularidades do processo de formação e designação, maior dificuldade de alteração, ou também uma pluralidade de tais leis: corresponderá, portanto, ao conteúdo global, muitas vezes mais ou menos acidental , das disposições escritas na Constituição.[10]

---

[6] Ob. cit., p. 30.
[7] *Staatsrechtslebrer und Verfassung* (Krefeld, 1950), p. 22 e no acórdão de 24.4.50.
[8] Ob. cit., p. 35.
[9] SMEND. *Verfassung und Verfassungsrecht* (Munique e Leipzig, 1928).
[10] SMEND, loc. cit., p. 132.

Krüger sustenta que pode haver direito constitucional material fora do documento constitucional, pois nem todas as normas constitucionais formais devem a sua recepção na Constituição. Considerações táticas, nomeadamente à intenção de grupos políticos de determinarem a subtração a certas normas da possibilidade de alteração pela maioria do Parlamento, coloca-as inseridas no documento constitucional.[11]

3. Constituição e direito supralegal

A problemática fundamental da validade (*Geltung*) de uma Constituição, não apenas no sentido da sua positividade, mas também, sobretudo, no sentido da sua obrigatoriedade jurídica, continua portanto a subsistir.[12]

A obrigatoriedade só existirá, na medida em que o legislador tome em conta os princípios constitutivos de toda e qualquer ordem jurídica e, notadamente, se deixe guiar pela aspiração à justiça e evite regulamentações arbitrárias.

Nessa medida, deve o legislador atender aos mandamentos cardeais da lei moral, possivelmente diferente segundo o tempo e o lugar, reconhecida pela comunidade jurídica, ou, pelo menos, não os renegar conscientemente.[13]

Embora o Direito seja apenas, nas conhecidas palavras de Georg Jellinek, um mínimo ético, a verdade é que não deixa nunca de ser justamente um mínimo ético, pois de outro modo também não será direito.[14]

O direito supralegal assim delimitado é uma ordem objetiva. Cumpre em especial separar inteiramente o recurso a esta ordem,

---

[11] KRÜGER, NJW 1949, p. 163.
[12] HIPPEL, HdbDStR II, p. 547 e ss.
[13] RADBRUCH, loc. cit.
[14] *Die sozialethische Bedeutung von Recht, Unrecht und Strafe* (2ª edição, Berlim, 1908), p. 45.

do recurso à consciência individual como fundamento de validade ou fonte de decisões judiciais.[15]

Nesse sentido afirmou Karl Schmid, no Congresso Jurídico de Constança, em 1947 (*DRZ* 1947, 205 ss., 206): "Temos de apreender de novo que a justiça está antes do direito positivo e que são unicamente as suas categorias intocáveis pela vontade do homem que podem fazer das leis direito, seja o legislador quem for, um tirano ou um povo. Velar por isso é a nossa função, a função própria dos juristas. Se o esquecermos, degradamo-nos em auxiliares e servos do poder".

A incorporação ou o reconhecimento de um direito supralegal na Constituição tem significado declaratório e não constitutivo, pois tal incorporação não cria direito, mas antes o reconhece.[16]

Do que foi dito, resulta que o conceito material de constituição exige que se tome em consideração o direito supralegal. Importa fazer esta reserva ante o que foi dito quanto à definição de Smend, o qual parte, do mesmo modo que Apelt e Spanner nas exposições acima reproduzidas, de uma autonomia ilimitada do legislador constituinte, quando, na verdade, esta autonomia só existe, se vinculada aos preceitos supralegais.

4. As diferentes possibilidades de normas constitucionais inconstitucionais

A distinção entre constituição em sentido formal e em sentido material conduz a que igualmente se distinga entre a inconstitucionalidade de normas jurídicas resultante da infração do direito constitucional material não escrito.

[15] KARL Peters, *Das Gewissen des Richters und das Getz (Gegenwartsprobleme des Rechts I, Veröffentlichungen der Sektion für Rechts – und Staatswissenschaft der Görres* – Gesellschaft, n. s., fascículo I, Padeerborn, 1950, p. 23 ss.), p. 24.
[16] GIESE, GG (2. ed.), anot. II precedendo o art. I (p. 25).

Se uma Constituição, em todo o resto, se tornou juridicamente eficaz, mas uma das suas normas isoladamente, não corresponde aos requisitos de eficácia por aquela mesma estabelecidas, pode bem falar-se de uma norma constitucional "inconstitucional": em qualquer caso, porém, trata-se de uma norma inválida.[17]

Devemos examinar, ainda, a tese segundo a qual um preceito do documento constitucional pode ser inconstitucional e carecer, por isso, de obrigatoriedade jurídica em virtude de uma contradição com um preceito de grau superior do mesmo documento constitucional. Deve-se, ainda, além disso, excluir aqui a hipótese de a norma de grau superior conter uma positivação de direito supralegal, de tal maneira que a não obrigatoriedade da norma de grau inferior pudesse advir de uma infração deste direito supralegal.

À Constituição, não só em sentido material, mas também em sentido formal, pertence igualmente o direito supralegal, na medida em que tenha sido positivado pelo documento constitucional. Uma norma jurídica que infrinja direito constitucional positivado será, portanto, simultaneamente, contrária ao direito natural e inconstitucional.

Bachof não tem dúvidas em qualificá-la como inconstitucional, apesar do fundamento de a sua obrigatoriedade estar na contradição com o direito supralegal. A incorporação material dos valores supremos na Constituição faz, porém, com que toda a infração de direito supralegal, apareça necessária e simultaneamente como violação do conteúdo fundamental da Constituição.

O direito constitucional supralegal positivado precede, em virtude de seu caráter incondicional, o direito constitucional que é apenas direito positivo.[18]

Para os alemães no plano prático, esta questão não tem grande significado, face à extensa incorporação de direito supralegal na Lei Fundamental.

Nesse sentido, afirma Bachof que "o teor literal desses preceitos, por conseqüência, não teria pela minha parte nenhuma dú-

---

[17] BACHOF. Ob. cit. p. 51.
[18] Idem, p. 63.

vida em considerar todo o direito alemão, inclusive as normas constitucionais formais, como susceptível de controle sob o ponto de vista da sua compatibilidade com a Constituição no mais amplo sentido, incluindo mesmo o direito supralegal não escrito ("não positivado"), direito supralegal porque indivisível, nessa medida também pressuposto". [19]

A doutrina alemã, referindo apenas uma seleção: Hippel, Apelt, Ipsen, Arndt, Grewe, Giese, Krüger, Mallmann, Radbruch, W.G. Becker, Going e Peters, sustentam a ampla competência judicial de controle, não especialmente com referência às normas constitucionais, mas sim em princípio para todo o direito positivo, e por conseguinte, também necessariamente para as normas constitucionais, uma ampla competência, portanto, não só no que respeita ao padrão de controle, mas também no que respeita ao direito de controlar.[20]

Afirma Bachof não desconhecer que uma faculdade de controle tão extensa pode conter certos perigos para a segurança jurídica, mas diz pensar que freqüentemente, estes são exagerados. Fundando-se em Erdsiek, afirma que "o poder do juiz e o perigo do abuso no exercício do direito judicial de controle é infinitamente menor que o poder do legislador". [21]

---

[19] Idem, p. 73.

[20] Uma boa exposição de conjunto dos pontos de vista adotados sobre a competência judicial de controle encontra-se em ANSCHÜTZ, *Komm.Zur WeimRV* (14. ed., 1932), anot. 5 ao art. 7º, e, pelo que toca a literatura mais recente, em Ipsen, *Deustche Landesreferate*, p.791. No entanto, a possibilidade da ocorrência de normas constitucionais inválidas não é objeto, em regra, de uma menção especial. É obvio, porém, que na medida em que se afirmar a possibilidade de um controle à luz de critérios suprapositivos como por exemplo na célebre manifestação da Associação dos Juízes junto ao Supremo Tribunal do Reich, contra a planeada legislação sobre revalorização (JW 1924, 9º; a este respeito, cfr., por um lado THOMA, loc. cit., p. 142, nota 79, e, por outro, GOLDSCHMIDT em JW 1924, 245 ss.), também ele não poderá deter-se diante de normas da Constituição.
SJZ 1946, 105 ss. *Rechtsphilosofhie* (4. ed.), p. 347 ss.
SJZ 1947, 480 ss., AcP 1950, 121 s.
Grundzüge der Rechtsphilosophie, p. 257 s.

[21] Ob. cit., p. 80.

A autocontenção que Apelt reclama dos Tribunais Constitucionais não pode consistir numa renúncia parcial à competência judicial de controle, mas apenas na compreensão de que direito "incorreto" ou "mau" direito não é ainda, de modo nenhum, não-direito (Un-Recht = Nichtrecht), e na compreensão de que o direito supralegal, o "direito natural", não no sentido de princípios regulativos, mas no de normas de conduta imediatamente jurídico-vinculativas, é só aquele mínimo sem o qual uma ordem já não mereceria a qualificação de ordem jurídica.

5. Os valores fundamentais da Constituição Cidadã

No título I da Constituição da República de 1988 se estabelecem os princípios fundamentais dessa nova ordem, que ao proclamar-se constituída em Estado Democrático de Direito (art. 1º), arrola como seus fundamentos:

I – a soberania;
II – a cidadania;
III – a dignidade da pessoa humana;
IV – os valores sociais do trabalho e da livre iniciativa;
V – o pluralismo político.

Reconhecendo que todo o poder emana do povo, declara que este exercício pode se dar através de representantes eleitos ou diretamente (p.u. do art. 1º).

Como objetivos primordiais (art. 3º), essa nova ordem se dirige a:

I – construir uma sociedade livre, justa e solidária;
II – garantir o desenvolvimento nacional;
III – erradicar a pobreza e a marginalização e reduzir as desigualdades sociais e regionais;

IV – promover o bem de todos, sem preconceitos de origem, raça, sexo, cor, idade e quaisquer outras formas de discriminação.

Buscando alcançar essas finalidades, erige no seu art. 5º todos os direitos fundamentais, expressão mais significativa da luta contra a dominação do homem pelo homem, que é a história da Humanidade.

Reconhece aos brasileiros e estrangeiros residentes no Brasil a inviolabilidade do direito à vida, à liberdade, à igualdade, à segurança e à propriedade, explicitando preceitos que discriminam minuciosamente a tutela a esse estado de liberdade jurídica.

Portanto, até aqui podemos reconhecer uma premissa básica no nosso documento de Constituição do Estado Brasileiro: toda essa nova ordem parte desses valores supralegais, não escritos, mas como proclamou Friesenhahn, precedentes sobre a Constituição.

Esses princípios revelam que o legislador está vinculado a se guiar:

1. pela aspiração à justiça, de forma a evitar regulamentações arbitrárias;
2. não renegar conscientemente mandamentos cardeais da lei moral, reconhecida pela comunidade jurídica;
3. não se esquecer que o Direito nunca deixa de ser um mínimo ético.

O Direito Supralegal é uma ordem objetiva, que incorporado como o é na nossa Constituição, tem significado declaratório, que não o cria, apenas o reconhece.

Nesse contexto vale revelar a preocupação do Constituinte originário pela efetividade dos direitos fundamentais, incorporando ao texto da Lei Maior, o mandado de injunção, para que nem mesmo a falta de norma regulamentadora possa servir de desculpa para a não efetividade dos direitos e liberdades constitucionais (arts. 5º a 11) e das prerrogativas inerentes à nacionalidade (art.12), à soberania (arts.14 a 16), e à cidadania (art. 1º, II; 22, XIII).

Ao revelar esta preocupação e importar um instrumento de tutela do Direito Anglo-Saxão, fundado na eqüidade, a Carta da República procura a realização da justiça verdadeira, e não apenas a legalidade ou aparência de justiça. Seu objetivo primordial é exatamente socorrer (*relief*) aquele que não encontra justiça na regra geral (*Cases in wich the common law courts offer no adequate remedy*).

Reconhece de forma expressa a existência de um direito supralegal na própria Carta Política, assumindo que lei não é sinônimo de Direito escrito, e reconhece a existência de Direito escrito fora da lei, posto que a norma costumeira, conquanto ao nascer não seja escrita, pode depois ser reduzida a escrito.[22]

6. A análise de um caso concreto. A inconstitucionalidade da Emenda nº 39, de 19 de dezembro de 2002

A questão do endividamento interno do Estado Brasileiro nos lega um exemplo atual de uma emenda constitucional que contrasta com os mais comezinhos preceitos de direito natural, afrontando ainda os princípios basilares de uma ordem jurídica democrática e fundada no primado da segurança, base da existência do Estado.

Art. 1º. A Constituição Federal passa a vigorar acrescida do seguinte art. 149-A:

"Art. 149-A. Os Municípios e o Distrito Federal poderão instituir contribuição, na forma das respectivas leis, para o custeio do serviço de iluminação pública, observado o disposto no art. 150, I e III.[23]

---

[22] GUASQUE, Luiz Fabião e GUASQUE, Denise Freitas Fabião. *O Ministério Público e a sociedade*. Freitas Bastos Editora, p. 155.

[23] Art. 150. Sem prejuízo de outras garantias asseguradas ao contribuinte, é vedado à União, aos Estados, ao Distrito Federal e aos Municípios:

Parágrafo único. É facultada a cobrança da contribuição a que se refere o caput, *na fatura de consumo de energia elétrica".*

Cria-se, com a referida emenda, modalidade de tributo sem definição de hipótese de incidência tributária, ou em outras palavras, sem observância do princípio fundamental da legalidade, expressão de conquista da segurança jurídica dos cidadãos, contra o arbítrio dos governantes. Poderá agora se instituir contribuição sobre a mesma hipótese de incidência de impostos.

O nosso sistema de tributação estabelece, em sede constitucional, as modalidades de: impostos, taxas, contribuições de melhoria e contribuições parafiscais. Todos, com exceção dos impostos, não podem ser cobrados independente de qualquer atividade estatal específica, relativa ao contribuinte, conforme definido na lei complementar (Código Tributário Nacional).

Art.16. Imposto é tributo suja obrigação tem por fato gerador uma situação independente de qualquer atividade estatal específica, relativa ao contribuinte.

Por via de conseqüência, tudo que tenha "atividade específica", ou em outras palavras: hipótese de incidência vinculada a atividade estatal ou paraestatal, será remunerada por taxas (Art. 145, II, da CR), contribuições de melhoria (inc. III) e contribuições parafiscais (arts. 149,195,201, pars.1° e 7°, 212, par. 5°, 239, par. 4° e 240).[24]

I – exigir ou aumentar tributo sem lei que o estabeleça;

III – cobrar tributos:

a) em relação a fatos geradores ocorridos antes do início da vigência da lei que os houver instituído ou aumentado;

b) no mesmo exercício financeiro em que haja sido publicada a lei que os instituiu ou aumentou;

[24] **Art. 149**. Compete exclusivamente à União instituir contribuições sociais, de intervenção no domínio econômico e de interesse das categorias profissionais ou

A razão é muito simples. Procura-se evitar o arbítrio do governante retirando-lhe a possibilidade de constituir vários créditos tributários sobre o mesmo fato gerador ou hipótese de incidência. Somente aos impostos é atribuída a possibilidade de ampla discricionariedade na formulação legal de suas ocorrências, que assim mesmo não podem ter base de cálculo própria das taxas. É como se aos impostos a Constituição estabelecesse uma competência legislativa residual: tudo que não está discriminado como fato gerador de outros tributos: taxas, contribuições de melhoria e contribuições parafiscais, pode servir de hipótese de incidência de impostos.

Por via de conseqüência, de acordo com a emenda, a contribuição para custeio de iluminação pública, tem a mesma natureza jurídica de imposto, que na hipótese, autoriza uma bitributação sobre o mesmo fato gerador: iluminação pública, que pela natureza da atividade, é financiada pela arrecadação dos impostos, posto que não se enquadra a nenhuma outra hipótese tributária.

---

econômicas, como instrumento de sua atuação nas respectivas áreas, observado o disposto nos **arts. 146, III**, e **150, I** e **III**, e sem prejuízo do previsto no **art. 195, § 6º**, relativamente às contribuições a que alude o dispositivo.
§ 1º. Os Estados, o Distrito Federal e os Municípios poderão instituir contribuição, cobrada de seus servidores, para o custeio, em benefício destes, de sistemas de previdência e assistência social.
§ 2º. As contribuições sociais e de intervenção no domínio econômico de que trata o *caput* deste artigo:
I – não incidirão sobre as receitas decorrentes de exportação;
II – poderão incidir sobre a importação de petróleo e seus derivados, gás natural e seus derivados e álcool combustível;
III – poderão ter alíquotas:
a) *ad valorem*, tendo por base o faturamento, a receita bruta ou o valor da operação e, no caso de importação, o valor aduaneiro;
b) específica, tendo por base a unidade de medida adotada.
§ 3º. A pessoa natural destinatária das operações de importação poderá ser equiparada a pessoa jurídica, na forma da lei.
§ 4º. A lei definirá as hipóteses em que as contribuições incidirão uma única vez.
Art. 195. A seguridade social será financiada por toda a sociedade, de forma direta e indireta, nos termos da lei, mediante recursos provenientes dos orçamentos da União, dos Estados, do Distrito Federal e dos Municípios, e das seguintes contribuições sociais:

Esta situação já foi amplamente discutida em todos os tribunais da Federação, que, de forma uníssona, consideraram a cobrança da taxa de iluminação pública inconstitucional, pela inadequação à hipótese de incidência descrita no texto da Constituição (art. 145, inc. II), afirmando-a idêntica à de imposto.

7. O valor do costume como fundamento supralegal da inconstitucionalidade

Nem todo uso, mesmo constante, uniforme e reiterado é costume, não se podendo afirmar que uma prática se torna obrigatória só pela repetição. Os fatos, por si mesmos, são fatos, e ainda quando acumulados exprimem o que é e não o que deve ser. Não têm força normativa, porque a norma pressupõe uma valoração, isto é, a operação da inteligência que julga os fatos e a adesão da vontade aos que são reputados bons para a convivência social.

I – do empregador, da empresa e da entidade a ela equiparada na forma da lei, incidentes sobre:
a) a folha de salários e demais rendimentos do trabalho pagos ou creditados, a qualquer título, à pessoa física que lhe preste serviço, mesmo sem vínculo empregatício;
b) a receita ou o faturamento;
c) o lucro;
* alíneas a, b e c, acrescentadas pela Emenda Constitucional nº 20, de 15 de dezembro de 1998.
Art. 201. A previdência social será organizada sob a forma de regime geral, de caráter contributivo e de filiação obrigatória, observados critérios que preservem o equilíbrio financeiro e atuarial, e atenderá, nos termos da lei, a:
I – cobertura dos eventos de doença, invalidez, morte e idade avançada;
II – proteção à maternidade, especialmente à gestante;
III – proteção ao trabalhador em situação de desemprego involuntário;
IV – salário-família e auxílio-reclusão para os dependentes dos segurados de baixa renda;
V – pensão por morte do segurado, homem ou mulher, ao cônjuge ou companheiro e dependentes, observado o disposto no § 2°.
§ 1°. É vedada a adoção de requisitos e critérios diferenciados para a concessão de aposentadoria aos beneficiários do regime geral de previdência social, ressalvados os casos de atividades exercidas sob condições especiais que prejudiquem a saúde ou a integridade física, definidos em lei complementar.

No Direito interno, o valor do costume é secundário. No Direito internacional, entretanto, continua a ser fonte importantíssima. Enquanto não se inventar um Superestado (para o que estamos caminhando), com o poder de legislar e impor coativamente a lei a Estados e indivíduos, como sujeitos do Direito Internacional, o costume será o grande manancial de regras jurídicas, ainda mais poderosas que os tratados, porque traz consigo a persuasão do que convém respeitar.

É errado afirmar que a regra costumeira só se transforma em norma jurídica quando o Estado a reconhece, ou quando o poder jurisdicional a aplica. A existência e a obrigatoriedade da norma consuetudinária são anteriores ao reconhecimento dela por parte do Estado, o qual nada mais faz do que proclamá-la, por vezes, formulá-la explicitamente e confessar que participa da *opinio necessitatis*.

O que realmente depende da vontade do Estado para ser aplicado e, mais precisamente, necessita do apoio da lei é o uso, não o costume. Porque, embora seja também a prática reiterada, constante e, por isso mesmo, presumidamente boa, de determinados atos, não tem por si a *opinio iuris*; é mero hábito e não regra jurídica a que os homens entendem dever obediência.

A diferença básica entre o costume e a lei é que o primeiro não é escrito e o segundo o é.

---

§ 7º. É assegurada aposentadoria no regime geral de previdência social, nos termos da lei, obedecidas as seguintes condições:
I – trinta e cinco anos de contribuição, se homem, e trinta anos de contribuição, se mulher;
II – sessenta e cinco anos de idade, se homem, e sessenta anos de idade, se mulher, reduzido em cinco anos o limite para os trabalhadores rurais de ambos os sexos e para os que exerçam suas atividades em regime de economia familiar, nestes incluídos o produtor rural, o garimpeiro e o pescador artesanal.
* Incisos I e II acrescentados pela Emenda Constitucional nº 20, de 15 de dezembro de 1998.

O costume *contra legem* entre os povos antigos era uma das causas de revogação da lei, o que no Brasil pode ser considerado como axiomático pela usual expressão: *"essa lei não pegou"*.

A lei retira sua força do mesmo princípio de que o costume retira a sua: a opinião generalizada de que o dito por ela é direito e necessário *(conscientia necessitatis et iuris)*; tanto assim que, sem essa convicção, a lei se torna letra morta. Mas, formalmente, o caráter imperativo da lei provém da autoridade de quem a impõe: O Estado soberano. Por isso, ela continua em vigor ainda que tenha caído em desuso.

Como causa supralegal da inconstitucionalidade do preceito, o costume do Direito Brasileiro, também expresso em todas as Constituições democráticas, do impedimento da bitributação, como expressão da impossibilidade de arbítrio, ou liberdade sem limites, a que se insurgem os tratadistas e a jurisprudência alemã.

Note-se que se atribui mesmo ao poder constituinte originário a limitação ao Direito Natural como parâmetro supralegal de constituição de uma ordem jurídica.Nesse sentido as afirmações de Mallmann,Friesenhahn e Otto Bachof, com base na jurisprudência.

Art. 212. A União aplicará, anualmente, nunca menos de dezoito, e os Estados, o Distrito Federal e os Municípios vinte e cinco por cento, no mínimo, da receita resultante de impostos, compreendida a proveniente de transferências, na manutenção e desenvolvimento do ensino.

§ 5°. O ensino fundamental público terá como fonte adicional de financiamento a contribuição social do salário-educação, recolhida pelas empresas, na forma da lei.

Art. 239. A arrecadação decorrente das contribuições para o Programa de Integração Social, criado pela Lei Complementar n° 7, de 7 de setembro de 1970, e para o Programa de Formação do Patrimônio do Servidor Público, criado pela Lei Complementar n° 8, de 3 de dezembro de 1970, passa, a partir da promulgação desta Constituição, a financiar, nos termos que a lei dispuser, o programa do seguro-desemprego e o abono de que trata o § 3° deste artigo.

Art. 240. Ficam ressalvadas do disposto no art. 195 as atuais contribuições compulsórias dos empregados sobre a folha de salários, destinadas às entidades privadas de serviço social e de formação profissional vinculadas ao sistema sindical.

8. O fundamento moral e ético como causa supralegal da inconstitucionalidade

A imposição por via de emenda a posicionamento uniforme dos tribunais da Federação sobre a inconstitucionalidade da taxa de iluminação pública revela desvinculação à aspiração de justiça que deve impedir regulamentações arbitrárias por parte do legislador constituinte.

Note-se que mesmo o tributo sobre movimentação financeira, a CPMF, tem como hipótese de incidência a transferência de valores entre pessoas físicas ou jurídicas, não sendo imaginável fato gerador que autorize a cobrança da contribuição para custeio da iluminação pública , sem que configure um *bis in idem* tributário.

Tal circunstância revela que, conscientemente, o legislador constituinte, ao elaborar a emenda, renega os mais comezinhos princípios de segurança jurídica no Estado Democrático de Direito.

Abre-se precedente para a criação de contribuições sobre a pavimentação urbana, construção de calçadas, redes de esgoto, enfim, todos os serviços próprios da atividade estatal.

Afasta-se do mínimo ético a que Georg Jellinek subordina as normas constitucionais para considerá-las: Direito!

9. Preceitos de grau superior contraditados pela emenda

O conceito de Estado se assenta basicamente na idéia de segurança. Isto explica por que, entre justiça e segurança, optará pela última, base da sua existência. Nesse sentido, a possibilidade de instituir-se cada vez mais impostos sobre impostos, mesmo que revestidos de novo *nomen iuris*: contribuição, atenta contra a segurança das relações Estado-indivíduos, pois não respeita os limites da sua própria razão de ser.

A atividade estatal quando desvinculada dos conceitos normativos que autorizam a imposição de prestação pecuniária, ou em outras palavras, fora dos limites impostos pelo princípio da legalidade, que baliza parâmetros sobre esta discricionariedade, configura confisco, pois expressão mais lídima de arbítrio: liberdade sem limites.

Como expressão da segurança jurídica, o art. 150 da Constituição da República impede: "utilizar tributo com efeito de confisco" (inc. IV). Eis, portanto, um preceito de natureza superior a referida emenda, pois expressão da própria essência do Estado, que está sendo desrespeitado.

A jurisprudência do Supremo Tribunal Federal entende cabível, em sede de controle normativo abstrato, a possibilidade de a Corte examinar se determinado tributo ofende, ou não, o princípio constitucional da não-confiscatoriedade, consagrado no artigo supra-referido.[25]

"A proibição constitucional do confisco em matéria tributária nada mais representa senão a interdição, pela Carta Política, de qualquer pretensão governamental que possa conduzir , no campo da fiscalidade à injusta apropriação estatal, no todo ou em parte, do patrimônio ou dos rendimentos dos contribuintes, comprometendo-lhes, pela insuportabilidade da carga tributária, o exercício do direito a uma existência digna, ou a prática de atividade profissional lícita ou, ainda, a regular satisfação de suas necessidades vitais (educação, saúde e habitação, por exemplo).

A identificação do efeito confiscatório deve ser feita em função da totalidade da carga tributária, mediante verificação da capacidade de que dispõe o contribuinte – considerado o montante de sua riqueza (renda e capital) – para suportar e sofrer a incidência de todos os tributos que ele deverá pagar, dentro de determinado período, à mesma pessoa política que os houver instituído (a União no caso), condicionando-se, ainda, a aferição do grau de insuportabilidade econômico-financeira à observância, pelo legis-

[25] ADI 2.010-MC/DF, Rel. Min. Celso Mello.

lador, de padrões de razoabilidade destinados a neutralizar excessos de ordem fiscal eventualmente praticados pelo Poder Público.

Resulta configurado o caráter confiscatório de determinado tributo, sempre que o efeito cumulativo – resultante das múltiplas incidências tributárias estabelecidas pela mesma entidade estatal – afetar, substancialmente, de maneira irrazoável, o patrimônio e/ou os rendimentos do contribuinte".[26]

10. A inobservância das cláusulas pétras

10-a . O desrespeito ao princípio da separação dos poderes e do controle de uma função pela outra

A análise do caso concreto nos possibilita estudo mais profundo sobre o que Krüger determinou "considerações táticas" de subtração de certas normas do chamado direito constitucional material, pois nem todas devem ter sua recepção na Constituição. No estudo de Bachof, aquele se refere à possibilidade de certas normas não serem alteradas pela maioria do Parlamento. Mas no nosso exemplo, a situação é mais grave.

Ao pretender afastar, através de emenda, a possibilidade de controle jurisdicional, dando-lhe novo *nomen iuris* e criando *bis in idem* tributário, o constituinte derivado atenta contra a mais básica cláusula pétrea do Estado Democrático de Direito: o princípio da independência dos poderes (par. 4°, inc. II).

O princípio se funda na doutrina dos freios e contrapesos, determinando que uma função fiscalize a outra, como pedra de toque do regime democrático e da segurança jurídica.

§ 4°. Não será objeto de deliberação a proposta de emenda tendente a abolir:

*I – a **forma federativa de Estado;***

II – o voto direto, secreto, universal e periódico;

---

[26] ADC (MC) N° 8-DF. Relator: Min. Celso Mello.

III – a separação dos Poderes;
IV – os direitos e garantias individuais.

10-b . O desrespeito à forma federativa de Estado

É de se notar, que o princípio da legalidade, espécie do gênero segurança jurídica, determina que todos os fatos geradores de tributos sejam estabelecidos através de lei complementar, conforme o art. 146 da Constituição da República.

A lei com esta qualidade é o Código Tributário Nacional, que tem possibilidade de regulamentar apenas as espécie tributárias, posto que os fatos geradores e as respectivas competências para arrecadar estão taxativamente discriminados na Constituição da República, que determina quais são os impostos de competência de União (art. 153), dos Estados e do Distrito Federal (art. 155) e os dos Municípios (art. 156) e respectivos fatos geradores.

A lei complementar é lei nacional, votada no Congresso Nacional pelos representantes dos Estados: Câmara dos Deputados e da União Federal: Senado da República.

Como então atribuir competência para instituir imposto através de lei municipal? Pois se até aqui sempre se entendeu que a taxa de iluminação tem fato gerador próprio de imposto, não será a troca de nome e criação de nova competência por emenda que lhe alterará a natureza jurídica.

Através da emenda se possibilita a imposição do *bis in idem* por lei municipal, ou seja, que cada Município institua nova hipótese de incidência de imposto, o que fere o sistema federativo brasileiro.

10-c. O desrespeito ao princípio da legalidade

Como referido anteriormente, o *bis in idem* desrespeita o princípio da legalidade tributária que não possibilita a instituição de imposto não previsto na Constituição e a "definição de tributos e suas espécies, bem como, em relação aos *impostos* discriminados nesta Constituição, a dos respectivos fatos geradores, bases de cálculo e contribuintes" por lei municipal, pois a Carta Política os submete a lei complementar de iniciativa da União (art. 146 da CR).

Por todas essas razões, o caso concreto nos demonstra a possibilidade da inconstitucionalidade de normas constitucionais, mesmo que formalmente se apresentem como imunes a tal análise. As causas supralegais e o estudo mais aprofundado revelam a inobservância de cláusulas pétreas da Constituição da República, e uma hipótese atual de inconstitucionalidade de emenda à Constituição.

6
O mandado de injunção como forma de controle concreto da inconstitucionalidade por omissão

1. Introdução

O mandado de injunção é instituto novo criado no Direito Brasileiro a partir da Constituição da República de 1988, o que explica as perplexidades e dúvidas que tem suscitado a seu respeito.

Num primeiro momento, o Supremo Tribunal Federal entendeu que sua finalidade era fixar prazo para que o órgão legislativo editasse a norma que deveria suprir a lacuna que inviabilizava a efetividade do direito previsto na Constituição. Se isto não fosse feito, o detentor do direito poderia exercê-lo independentemente do preceito.[1]

Hoje já temos assimilada a utilidade do instituto como meio de controle de inconstitucionalidade em casos concretos, onde a

[1] No mérito, o Tribunal, por maioria, conheceu em parte do mandado de injunção e nessa parte o deferiu para declarar o estado de mora em que se encontra o Congresso Nacional, a fim de que, no prazo de seis meses, adote as providências legislativas que se impõe para o cumprimento da obrigação de legislar, decorrente do art. 195, pará-

omissão legislativa serve de pretexto para a ineficácia de direitos previstos na Lei Magna.[2]

O Professor Hélio Tornaghi, em precioso estudo sobre o Mandado de Injunção, logo após o seu surgimento na Constituição da República de 1988, afirmava que "em matéria jurídica, o labor nunca está terminado. *Ex facto oritur ius*: O Direito nasce dos fatos. As leis avançam por degraus; a realidade é esteira que não pára. As leis imitam os ponteiros do relógio, que pulam de quando em quando; as transformações sociais são ininterruptas. São necessários mecanismos que adaptem permanentemente o Direito à realidade e amparem os legítimos interesses que a norma legal ainda não traduziu em forma de direitos. Esse tem sido o papel da eqüidade social, que fez a grandeza do Direito Romano e a flexibilidade do Direito inglês. E é esse milagroso remédio que se introduz entre nós para a proteção "dos direitos e liberdades constitucionais e das prerrogativas inerentes à nacionalidade, à soberania (popular) e à cidadania", sempre que a falta de norma

---

grafo 7º, da Constituição, sob pena de, vencido esse prazo, sem legislar, passe a requerente a gozar da imunidade requerida, vencidos os Srs. Ministros Marco Aurélio, Carlos Velloso e Célio Borja, que deferiam em termos diversos (MI 232-1-RJ).

[2] Concluído o julgamento de mandado de injunção impetrado por oficiais da Aeronáutica, em que se pretendia a condenação da União à reparação econômica conferida pelo art. 8º, § 3º do ADCT ("Aos cidadãos que foram impedidos de exercer, na vida civil, atividade profissional específica, em decorrência das Portarias Reservadas do Ministério da Aeronáutica nº S-50-GM5, de 19 de junho de 1964, e nº S-285-GM5, será concedida reparação de natureza econômica, na forma que dispuser lei de iniciativa do Congresso Nacional e a entrar em vigor no prazo de doze meses a contar da promulgação da Constituição") – v. informativo 100. O Tribunal, por maioria, concedeu e deferiu, em parte, o pedido para assegurar, nos termos do direito comum, a possibilidade de imediata ação de liquidação do direito assegurado, independente de sentença condenatória.

Vencidos, em parte, os Ministros Ilmar Galvão, Marco Aurélio e Carlos Velloso que deferiam integralmente o pedido para condenar a União à reparação econômica conforme requerida na inicial, ou seja, ao pagamento do valor correspondente ao maior salário de piloto de linha aérea de companhia de aviação comercial brasileira de 1º nível, multiplicado pelo número de meses que decorreram entre a data em que foram proibidos de exercerem sua profissão e o mês em que completaram 60 anos. MI 543-DF, rel. Min. Octavio Gallotti, 26.10.2000 (MI-543).

regulamentadora lhes torne inviável o exercício (Constituição da República, art. 5º, LXXI). Trata-se de instrumento de proteção e ao mesmo tempo, de ferramenta forjadora de direitos".[3]

Calamandrei, em notável estudo sobre "O Significado constitucional das jurisdições de eqüidade",[4] lembra a existência de dois sistemas de manifestação do Direito.O mais comum em nossos dias é o da formulação legislativa, decorrente da separação de poderes. Nele, a função de modelar a norma jurídica pertence ao Legislativo, e a de aplicá-la, ao Judiciário. É do legislador a tarefa de interrogar a consciência coletiva e de avaliar os interesses; de ordenar os sentimentos, as tendências e as aspirações das quais nasce o Direito de um povo em certo momento de sua história. Neste sistema, a modelagem do Direito não se faz caso por caso, mas em moldes que abstraem das particularidades de cada evento.

Mas pode acontecer que a lei não regule determinado caso. Nessa hipótese, os tribunais voltam ao método primitivo, o juiz formulava a regra que, em seguida, aplicava. É o "sistema da formulação do Direito". Mostra Calamandrei que, em sua pátria, foram até criados órgãos judiciários encarregados de julgar por eqüidade. Nesse caso, diz o mestre italiano, "o juiz se põe diretamente em contato com a consciência popular, na qual o Direito flutua no estado de sentimento ainda não fixado em precisas normas racionais. E dessa consciência, da qual ele próprio participa como membro da sociedade, ele retira inspiração para resolver cada caso, de acordo com princípios que ele não cria mas encontra já existentes". "Nenhum obstáculo se interpõe entre o Direito e o juiz, que se encontra em permanente contato com a viva e fresca realidade social e que, assim, pode sentir-lhe as necessidades e fielmente seguir-lhe a evolução."

---

[3] TORNAGHI, Hélio. "O mandado de injunção". *Revista do Ministério Público*. Vol. I, p. 54.

[4] Preleção com que abriu o ano letivo do Instituto de Ciências Sociais Cesare Alfieri, depois publicada nos *Studi sul Processo Civile*. V. II, p.1 e segs.

Se na jurisdição legal o juiz submete o caso concreto à lei, ele o faz segundo seu modo de interpretar os fatos e o texto legal. Ocorre que o Direito legislado tem apenas uma parte da consciência jurídica: a outra é dada pelo costume e pela jurisprudência, pois não podemos negar que direito vivo é o que os tribunais consagram.

2. Antecedentes históricos

O mandado de injunção surgiu no Direito brasileiro pela mesma razão que provocou na Inglaterra o aparecimento do *Writ of injunction*.

Em qualquer lugar o sentimento de eqüidade não tolera a existência de lesão para a qual não haja remédio jurídico. *(Equity does suffer a wrong to be without a remedy).*

Como acontecia no Direito Romano, em que a *actio* era um pressuposto do direito subjetivo,[5] na Inglaterra, o *Common Law* foi uma criação do Direito Processual. Os direitos subjetivos foram surgindo de maneira empírica, à medida em que era criada cada ação judiciária (*remedy*), que garantia determinado interesse. No moderno Direito de tipo continental europeu, o direito subjetivo é um *prius* e a ação um *posterius* (*ubis jus, ibi remedium*); no Direito do tipo inglês, onde não há ação não há direito (*where there is no remedy, there is no right*).

O *Common Law* foi criado mais pelos tribunais, que aplicavam normas costumeiras, do que pelo órgão legislativo. A sentença proferida num caso concreto (*case*) tinha (e tem) força vinculativa (*precedent*) nos casos semelhantes. Depois dela, os juízes têm de manter o decidido (*stare decisis*).[6]

---

[5] TORNAGHI, Hélio. *Instituições de processo penal*. 2. ed., Vol. I, 1977, p. 241 e segs.

[6] TORNAGHI, Hélio. *Comentários ao Código de Processo Civil*. 2. ed., Vol. I, 1975, p. 37 e segs.

Anteriormente à promulgação da Magna Carta, o Rei gozava da prerrogativa de exercitar a justiça. Com o tempo, essa prerrogativa passou a ser uma ficção: a justiça ordinária não se fazia *coram ipso Rege*, isto é, perante o próprio Rei, mas, *de facto*, perante os juízes e tribunais, embora de jure esses julgassem em nome do Rei. Eles eram os juízes de Sua Majestade (*His Majesty's Justices*). Continuou, entretanto, a existir um poder residual do Rei de julgar ele próprio (*the King's residuary jurisdiction*).[7] E nada impedia que qualquer dos litigantes se dirigisse diretamente a Sua Majestade.

Os próprios juízes, especialmente os de circuito, juízes intinerantes (*Justices in Eyre*), diversos dos juízes sedentários (*Justices in Bank*), apresentavam suas dúvidas ao Rei, considerado fonte de justiça; ou mesmo lhe reservavam as questões mais delicadas. O soberano as decidia, ouvindo o conselho dos homens prudentes e avisados.

As decisões do Tribunal de Westminster passaram a não ser definitivas, pois passíveis de "recurso" ao Rei. Esse, porém, não exercia pessoalmente a sua jurisdição; ele a transferia a um Conselho Privado (*King's Council*), no qual o Chanceler (*Chancellor*) e seus juízes, que eram cléricos e não juristas, temperavam o *summu jus* pela eqüidade individual, isto é, pela consideração das circunstâncias de cada caso. Alargando a própria jurisdição, a Corte do Chanceler (*Court of Chancery*) passou a julgar também os casos não regulados no *Common Law*. Fazia-o segundo a *equity*, ou eqüidade social, que levava o juiz a aplicar a norma que ele próprio formulava.

A distinção entre eqüidade individual e a social já vinha de Aristóteles. Na Ética de Nicômaco ele ensinava que a eqüidade individual se adapta às várias contingências de cada fato, enquanto

---

[7] TORNAGHI, Hélio. *Instituições*. Vol. II, p. 69 e segs.

que a eqüidade social se aplica aos casos em que não há norma de lei e exige que o juiz estabeleça uma regra adequada ao caso que lhe é submetido.

No reinado de Eduardo, o Confessor, firmou-se a jurisdição de eqüidade da *Court of Chancery*. A princípio, o Chanceler era o guarda-selo e escrivão-mor (*Clerk*, isto é, clérico) do Rei. A partir de Thomas Becket (1118 a 1170), essa corte passou a contar com cinco cléricos: o capelão do Rei *(King's chaplain)* que era o guardião da consciência do Rei (*Keeper of the King's conscience*) e do Grande Selo (*Great Seal*). Ele ratificava os atos reais e agia como sumo-juiz. Com a abolição do ofício de distribuidor da justiça (*Justiciar*), por Eduardo I, o Chanceler tornou-se a segunda pessoa do Reino. Os atos do Rei só seriam autênticos e dotados de força coercitiva quando "selados" pelo Chanceler. O Grande Selo passou a ser a "chave do Reino" (*Clavis regni*), olhada com supersticiosa reverência por estadistas e homens do Direito.

O Chanceler e seu conselho julgavam por eqüidade individual levando em consideração as particularidades de cada caso e por eqüidade social preenchendo as lacunas do *Common Law*, o que faziam aplicando ao caso não disciplinado em lei a norma que eles próprios formulavam.

No reinado de Henrique VI (1422 a 1461), o Chanceler criou o Mandado de Injunção, típico *equitable writ*, isto é, concebido segundo as normas de eqüidade (*on a basis of equitable considerations*) para aqueles casos aos quais o *Common Law* não oferecia remédio adequado (*those cases in wich the Common Law offered no adequate remedy*).

A primeira lei de Organização Judiciária (*Judicature Act*), em 1873, fundiu as jurisdições de *Common Law* e de *Equity*, porém manteve a distinção dos remédios baseados no *Common Law* e daqueles fundados na *Equity*. Entre esses últimos, o mais característico de todos é *Writ of Injunction*, o Mandado de Injunção, agora introduzido no Brasil.

3. A origem dos *Writs* (mandados)

A partir da invasão normanda (1066), aquele que desejasse mover uma ação deveria adquirir uma ordem escrita (daí o nome: *Writ*), mediante pagamento de uma taxa (*fee*). O *writ* (ou breve, pois na língua latina era usada em documentos oficiais) era a intimação feita, *de jure*, pelo Rei. Isto é: era uma ordem ao réu para praticar (*ad faciendum*) ou para abster-se de realizar (*ad ommitendum*) algum ato. Encarregado de executar a intimação era o *Sheriff* local. Se o réu atendia à ordem, o caso estava encerrado. Se não obedecia, ele era compelido a comparecer diante do juiz para se justificar. O juiz que se recusasse a decidir, sob pretexto de silêncio, obscuridade ou insuficiência da lei, poderia ser processado como culpado de denegação de justiça.

Cada *writ* dizia respeito a uma determinada pretensão. Não havia *writ* genérico e, muito menos, *writ* em branco para ser preenchido pelo autor da causa. Esse devia cuidar para que o *writ* correspondesse exatamente à sua pretensão. Cabia-lhe, durante o processo, demonstrar a existência dos requisitos de fato daquele *writ*. Se não o fazia, o juiz arquivava o processo. Nesse caso, não havia como propor novamente a ação, pois ao autor "já lhe fora dado a sua oportunidade".

Tampouco lhe era permitido alterar o pedido ou a *causa petendi*, ainda que durante o processo ficasse demonstrado que o autor teria podido requerer outro tipo de *writ*.

Durante o reinado de Henrique II (segunda metade do século XII), apareceram os *writs* típicos (breves), para cuja obtenção não houvesse dúvida (*writs of course*), relativos a casos freqüentes. Mas se os *writs* puderam se estereotipar, a vida não parou: as relações sociais foram criando novas situações, outros tipos de litígio que não se adaptavam aos *writs of course*. Novos tipos de *writs* foram criados, apesar da oposição do Parlamento, que se considerava esbulhado em sua competência para gerar. O Estatuto de Westminster, de 1285, concedeu ao Chanceler o poder de criar novos *writs*, contanto que para casos semelhantes a um anterior (*writ in consimili casu*) e que comportasse um *writ of course*. Era um pretexto que só servia para coonestar, pois se o caso era semelhante não haveria dificuldade em conseguir um *writ of course*.

O cerceamento da expedição de novos *writs* trouxe consigo alguns inconvenientes. Nos casos em que não houvesse um *writ* adequado (*adequate remedy at law*), o direito ficava sem proteção. Essa foi uma das causas do aparecimento da jurisdição de eqüidade e dos remédios nela baseados (*remedies at equity*).

Um segundo resultou do fato de que o *Common Law* quase não tinha em seu arsenal providências capazes de prevenir os atos ilícitos. Limitava-se a reprimi-los, mediante sanções penais, ou a impor a obrigação de ressarcir o dano (*Money damages*). Isso tirava a força dos contratos, pois o obrigado podia optar entre cumpri-los ou pagar os prejuízos decorrentes do inadimplemento.

Outro inconveniente era o de não possibilitar a intervenção de terceiros nem o litisconsórcio.

Ao lado disso, aconteceu também que os tribunais do *Common Law* se tornaram mais uma vez presos aos remédios já existentes, esquecendo o que aconteceu no passado, quando o juiz podia impor ao réu o cumprimento específico da obrigação (*specific performance*), fosse ela de fazer ou de abster-se, passando a resolver tudo em perdas e danos.

Para obviar esses inconvenientes, as próprias *courts of law*, isto é, tribunais que julgavam segundo o *Common Law*, passaram a recorrer aos remédios de eqüidade, tanto da eqüidade individual (epiquéia), temperando o rigor da lei (*duress*), quanto da eqüidade social, com que lhe preenchiam as lacunas, evitando a denegação de justiça (*unfairness*). Como sempre acontece, a eqüidade entrou no Direito pela mão esquerda dos juízes preocupados em fazer justiça.

Essa jurisdição de eqüidade foi mais larga e freqüente entre os juízes de circuito (*Eyre*) que estavam mais à vontade e mais longe dos juízes sedentários, de Londres (*Justices in Bank*).Isso explica que o procedimento nos condados distantes da capital apresentassem características que depois iriam encontrar-se no processo in *equity*.

Nos meados do século XIV, os juízes de circuito (*Justices in Eyre*) começaram a ser substituídos por juízes de paz (*Justices of peace*). Ao mesmo tempo, começaram a surgir os ritos procedimentais (*forms of action*); desapareceu a execução específica da obrigação (*specific performance*), complicou-se a formalística do processo e de tudo isso resultou a dificuldade para os tribunais, de fazer justiça.

Aconteceu, então, que aqueles que se julgavam ultrajados pela denegação de justiça por parte dos tribunais de *Common Law* invocavam a consciência do Rei para que reparasse o dano sofrido (*outrage*). E como o "guardião da consciência do Rei" era o Chanceler, a esse era delegado o conhecimento daqueles apelos. Também nos casos em que não houvesse no *Common Law* remédio adequado (*adequate remedy at law*), o Chanceler assumia o poder de julgar o recurso *ex informata conscientia*. Como foi dito acima, aparecia desse modo uma corte de *equity*, que formulava a regra e a aplicava ao caso concreto (eqüidade social).

Na prática, os pedidos de justiça passaram a ser dirigidos ao próprio Chanceler.

A partir de 1474, esse alto magistrado emanou, em forma de decreto (*decree*), verdadeiras sentenças baseadas na *equity*. E passaram a existir, lado a lado, uma jurisdição que aplicava o *Common Law* e uma quase-jurisdição que julgava por eqüidade: a *Chancery Court*. A primeira era exercida quando houvesse norma legal sobre o caso; a segunda, quando ela não existisse.

A *Chancery Court* julgava discricionariamente, como se estivesse praticando ato administrativo. Por isso é que a sua decisão se chamava *decree*.

Também em conseqüência de sua natureza, o procedimento nas cortes de *equity* (*suit in equity*) era quase informal. Em simples petição (*bill in equity*), o reclamante pedia as providências necessárias para a proteção de seu interesse. O tribunal ouvia as partes, aceitava as provas por elas feitas e decidia. Exercia ainda funções consultiva, conselheiral e tutelar; esta última por meio de providências acautelatórias. O *decree* era conhecido *rebus sic stantibus*: o tribunal podia modificá-lo se houvesse mudança na situação. O vencido, se não fazia o que lhe impunha o *decree*, era processado por desobediência ao tribunal (*contempt of Court*).

4. A *Injunction*

O principal remédio (*remedy at equity*) existente no Direito inglês e no americano para os casos não contemplados pelo *Common Law* é a *Injunction*. Ela é a ordem pela qual o Judiciário junge alguém ao dever de fazer ou omitir algo.

Daí:

a *Mandatory Injunction* (determinação de fazer) e

a *Restraining or Prohibitory Injunction* (determinação de abster-se).

Como se vê, ela se chama *Injunction* porque o destinatário fica jungido a um dever jurídico.

A *Restraining Injunction* guarda algum parentesco com o *Interdito Proibitório*; tem, entretanto, uma aplicação mais ampla.

A *Mandatory Injunction* – que não se confunde com o *Mandamus* – pode ter por fim o cumprimento específico de uma obrigação: (*specific performance*), desde que não seja necessária a coação física (*nemo ad faciendum cogi potest*).

Por vezes é suficiente a condenação por perdas e danos e o Judiciário não obriga ao cumprimento específico da obrigação. Em outras ocasiões, entretanto, a condenação ao ressarcimento do dano seria ilusória. Foi isso que levou a Corte da Chancelaria inglesa, em sua jurisdição de eqüidade, a suprir a falha, obrigando o devedor ao cumprimento da obrigação *in natura*, mediante um *decree of specific performance*.

A *Injunction* é final (*permanent*) quando concedida na decisão de mérito; é liminar (*preliminary*) quando deferida, como providência acautelatória, *in limine litis*.

Ela é sempre supletiva: só é concedida quando não existe em lei um remédio adequado (*adequate remedy at law*).

A *Injunction*, criada para direitos individuais, estende-se hoje aos direitos sociais; por exemplo: no caso de alguém ser expulso de uma agremiação sem ser devidamente ouvido (*without a'fair hearing*).

No Texas (40 Texas Or. R. 413, 50 S.W., 933), um tal de Warfield conseguiu uma *Injunction* para proibir um rival de cortejar sua mulher...

5. O mandado de injunção na Constituição de 1988

Diz a Constituição da República, no seu art. 5°, LXXI:

Conceder-se-á mandado de injunção sempre que a falta de norma regulamentadora torne inviável o exercício:

a) dos direitos e liberdades constitucionais (arts. 5° a 11);
b) das prerrogativas inerentes:
– à nacionalidade (art.12);
– à soberania (popular arts. 14 a 16);
– à cidadania (art. 1°, II, art. 22, XIII).

6. Conseqüências do preceito constitucional

1°) alarga o campo da jurisdição de eqüidade;

2°) transporta para o Direito Público o remédio (*relief*) da *injunction* que, no Direito inglês e no americano, se aplica à área do Direito Privado;

3°) abre a porta para a renovação e o ajustamento do Direito a novas realidades sociais.[8]

[8] Para um exame mais profundo sobre as conseqüências no ordenamento pátrio, ver Hélio Tornaghi no artigo já citado.

7. O mandado de injunção como meio de controle concreto da inconstitucionalidade por omissão

A eqüidade é remédio jurídico para realizar a justiça no caso concreto, e está previsto no Código de Processo Civil atual no seu art.127, que limita a sua utilização aos "casos previstos em lei", o que consideramos revogado, pela norma constitucional que a introduz no ordenamento pátrio de forma ampla. Somente para o mandado de injunção é que se limita às hipóteses de direitos ali elencados.

É possível a utilização da eqüidade nos casos em que a negação da norma atende o seu sentido teleológico. É o exemplo da permissão de entrada de um cego acompanhado de seu cão-guia em lugares onde fosse proibida a entrada de animais: somente negando a norma é que se alcançaria a sua finalidade de melhor uso do espaço, respeitado o caráter singular de sua aplicação.[9]

Como meio de controle da efetividade da Constituição, o mandado de injunção, fundado na eqüidade, é ordem para dar cumprimento a preceito constitucional dependente de lei.

A eqüidade-criação serve de fundamento ao juiz para proferir decisões não lastreadas na lei. Se ao juiz é determinada à observância da lei e do Direito em atendimento ao princípio da vinculação da jurisdição, que lhe impõe decisões *secundum legis*, excepcionalmente deverá julgar "como se fosse legislador", criando a solução do caso e resolvendo o litígio. Quando exerce jurisdição lastreada somente na lei, diz-se que se tem a jurisdição legal. Ao contrário, quando se tem decisões lastreadas na eqüidade, tem-se a jurisdição de eqüidade, que é a forma como se revela a eqüidade-criação.[10]

É este sistema misto, que é introduzido no direito pátrio com a previsão da eqüidade na Constituição e o mandado de injunção, que impossibilita que os direitos e liberdades constitucionais e as

---

[9] FONTES, André. "Jurisdição de eqüidade e eqüidade criação". *Revista Justiça & Cidadania* nº 34, p. 23.
[10] FONTES, André. Art. cit., p. 23.

prerrogativas inerentes à nacionalidade, à soberania e à cidadania, não sejam respeitados sob argumento de que não há lei que os regulamente.

Deve ser aplicado em qualquer instância da jurisdição do Estado Federal Brasileiro, para impedir, em casos concretos, que a denegação da justiça, por ausência de norma, revele o descumprimento da Constituição.[11]

Se a inconstitucionalidade por omissão apenas declara a ausência de norma, o mandado de injunção possibilita a formulação da regra pelo juiz com base em valores sociais, econômicos, religiosos, históricos, de senso comum etc. Enfim, tudo que trazemos dentro de nós para a realização da verdadeira justiça.

Portanto, é importante remédio jurídico constitucional para garantir a segurança do Estado Democrático de Direito e das liberdades constitucionais, no campo do direito público.

Como remédio de efetividade da Constituição, achamos até que o constituinte originário foi tímido, ao restringi-lo somente às hipóteses referidas, pois certamente outros casos poderão ficar sem possibilidade de controle.

8. O âmbito de utilização da ordem ou mandado de injunção

Como forma de controle da efetividade de direitos amparados na Constituição, o *writ of injunction* se dirige a situações concretas de impossibilidade de efetividade de direitos decorrentes de situações individuais ou coletivas: de grupos, classes ou categorias.

É forma de controle que se assemelha ao incidental, pois só deve ser utilizado em situações concretas. Não pode se prestar para substituir a função do Legislativo de elaborar regras jurídicas de forma genérica e abstrata, pois afrontaria o princípio da independência e harmonia dos poderes.

---

[11] Sobre o problema da competência, ver nosso *Direito público – Temas polêmicos*. Freitas Bastos, p. 31 e segs.

Cabe aqui uma reflexão. Direitos ou interesses difusos, decorrem do descumprimento de um preceito de índole constitucional que inobservado atinge um número indeterminado de pessoas, pois o direito em discussão é o de todos. Mesmo os mais afastados da lesão serão atingidos pelo seu descumprimento, como é o exemplo a cobrança de tributo inconstitucional, ou em desrespeito ao princípio da legalidade, direito fundamental, que mesmo exigido em determinado município, vai atingir a todos indistintamente, pois aqueles que consumirem bens naquela comarca pagarão o seu custo repassado ao preço dos produtos pelos comerciantes. É impossível determinar seus beneficiários.

Já os interesses sociais são as chamadas "violações de massa", que atingem número expressivo mas determinado de pessoas, que individualmente talvez não tenham interesse em demandar, mas considerada a lesão em seu conjunto, legitimam o Ministério Público a defendê-las. É o caso de determinado número de consumidores que adquiriram produto com defeito. Seu espectro é abrangente mas pode ser determinado.

No primeiro caso, interesses difusos, entendemos que não cabe a injunção, pois afrontaria a função própria do Legislativo e a independência e harmonia dos poderes.

Para o remédio da injunção a parte passiva é sempre pública e a ativa geralmente de representação coletiva[12] ou o Ministério Público. No caso deste, como dissemos, quando tratamos do controle incidental de inconstitucionalidade nas ações de interesse difuso, os beneficiários não são partes no processo, mas são atingidos pela sentença como fato jurídico, não como ato, como ocor-

[12] Iniciado o julgamento de mandado de injunção coletivo impetrado pelo Sindicato dos Servidores Policiais Civis do Espírito Santo – SINDIPOL, com o objetivo de ser autorizado o exercício do direito de greve ao impetrante e aos seus associados, bem como de compelir o Congresso Nacional a regulamentar, dentro do prazo de trinta dias, o inciso VII do art. 37 da CF, que exige lei específica para definição dos termos e limites do exercício do direito de greve do servidor público. Requer-se, ainda, que se suspendam os efeitos de sentença que proibira o movimento grevista dos impetrantes. O Min. Maurício Corrêa, relator, proferiu voto no sentido de conhecer em parte do mandado de injunção apenas para declarar a mora do Congresso Nacional quanto à edição da norma regulamentadora, por entender que o Poder Judiciário

re na hipótese da ação direta. As partes aqui são o Ministério Público e o Poder Público.

No caso de representação coletiva de grupos, classes ou categorias, representadas por associações, que têm personalidade jurídica própria, os efeitos são inter partes aos associados ou membros, pois a relação jurídica se estabelece entre elas e as pessoas jurídicas estatais responsáveis em dar efetividade aos provimentos normativos.[13]

O *writ of injunction*, impetrado em benefício de grupos não representados por pessoa jurídica própria, ocorre quando, através do Ministério Público, se pretende a ordem para dar efetividade a direitos da criança e do adolescente, p. ex., conforme o art. 201, inc. IX, do E.C.A.[14] Beneficia todos os menores que se encontram na situação jurídica que lhes priva o exercício dos direitos

---

não pode, nos limites da especificidade do mandado de injunção, garantir ao impetrante o direito de greve, substituindo-se ao legislador ordinário e extrapolando o âmbito da competência que a CF lhe confere. O Min. Maurício Corrêa salientou ainda que não é facultado ao Poder Judiciário fixar prazo para que o Congresso Nacional aprove a respectiva lei, e, muito menos, anular sentença judicial convertendo o mandado de injunção em tipo de recurso não previsto na legislação. Após, o julgamento foi adiado em virtude do pedido de vista do Min. Gilmar Mendes. MI 670-DF, rel. Min. Maurício Corrêa, 15.5.2003 (MI-670).

[13] Ajuizado o mandado de injunção contra a Telesp e a Anatel, o Juiz Federal indeferiu a liminar pleiteada e excluiu do feito a Telesp, pois, conforme decidido pelo STF, somente pessoas estatais podem figurar no pólo passivo da relação processual instaurada com a impetração do mandado de injunção, eis que apenas a elas é imputável provimentos normativos. O juiz deu-se por incompetente e remeteu os autos a esta Corte. Entretanto ocorre a vinculação jurisdicional do Juiz Federal do STJ, bastante para ilidir a possibilidade de conflito, seja negativo. Destarte, não compete a este Tribunal, em conclusão, suscitar o conflito negativo de competência. Incumbe a este Colegiado, tão-somente, a devolução dos autos ao juízo federal. A Corte Especial determinou seja o feito remetido à Vara Federal de São Paulo, competente na espécie, e que não poderá recusar essa sua competência. Precedentes citados do STF: AgRgMI 335-DF, DJ 17/1994, e CC7.094-MA, DJ 4.5.2001.MI 174 -DF, Rel. Min. Sálvio de Figueiredo, julgado em 27.3.2003.

[14] Art. 201. Compete ao Ministério Público:

...

IX – impetrar mandado de segurança, de injunção e *habeas corpus*, em qualquer juízo, instância ou tribunal, na defesa dos interesses sociais e individuais indisponíveis afetos à criança e ao adolescente;

amparados pela injunção. É necessário que se visualize o grupo dos mesmos.

Não se trata de pretender efeitos abstratos como os próprios do provimento legislativo, mas a amparar todos os representados pelo Ministério Público que age em relação a eles, como legitimado extraordinário.[15]

Seriam hipóteses de impedimentos ao exercício de direitos da cidadania por grupo de eleitores, que por falta de norma regulamentadora não podem votar em determinada seção eleitoral.

Em outras palavras, a causa de pedir tem que ser uma situação concreta que inviabilize o exercício das liberdades constitucionais inerentes à cidadania a grupo determinável de eleitores.

Na lesão individual, a ordem de injunção pode ser pretendida contra o órgão público, pois a Constituição da República não restringe a sua utilização apenas para parte pública (Ministério Público) ou de representação coletiva (associações, sindicatos, etc.). Como norma de índole constitucional que confere direitos ao povo, a sua interpretação tem que ser a mais ampla possível.

9. Efeitos e utilidade do instituto

Como se pode ver, a ordem de injunção no Direito brasileiro é instrumento de efetividade da Constituição, quando a ausência de norma impeça o exercício dos direitos e liberdades constitucionais e das prerrogativas inerentes à nacionalidade, à soberania popular e à cidadania, e se revela importante remédio de controle de inconstitucionalidade por omissão, em casos concretos, para garantir a segurança e a liberdade das relações jurídicas no Estado Democrático de Direito.

---

[15] Ver o que foi dito sobre o conceito de lei e ato normativo quando tratamos da inconstitucionalidade das leis e a ação declaratória de constitucionalidade.

7
A ação de descumprimento de preceito fundamental

1. Introdução

O controle da inconstitucionalidade no Brasil se dirige a leis e atos normativos e pode ser efetivado por meio de ação direta ou incidental. A ausência de norma constitucional de que dependa a efetividade de preceito constitucional autoriza a ação de inconstitucionalidade por omissão, que apenas comunica o órgão legislativo competente para a edição da lei, sem entretanto obrigá-lo, face ao princípio da harmonia e independência dos poderes.

Quando a carência de lei inviabiliza o exercício dos direitos e liberdades constitucionais e das prerrogativas inerentes à nacionalidade, à soberania e à cidadania, o remédio será o mandado de injunção previsto no art. 5º, inc. LXXI, da Constituição da República, que assegura apenas a aplicabilidade, na situação concreta, dos direitos previstos nos arts. 5º a 11; 12;14 a 16;1º, inc. II; 22, inc. XIII. O juiz formula a regra e a aplica, após um exame de eqüidade sobre o caso concreto, pois o instituto é próprio da *equity* do direito inglês, que se baseia no costume, ou seja, razões sociais, religiosas, econômicas, éticas, de senso comum, etc, que informarão o magistrado na formulação do preceito para dar solução ao caso concreto dependente de norma.

Como se pode notar, o sistema de inconstitucionalidade assegura tanto de forma genérica, pela ação direta, quanto de forma concreta, pelo controle incidental ou pela via do mandado de injunção, a segurança e a liberdade inerentes ao Estado Democrático de Direito.

Ampliando esses mecanismos de segurança do Estado, função precípua de sua existência, o parágrafo primeiro do art. 102, prevê que:

> *§ 1º. A argüição de descumprimento de preceito fundamental, decorrente desta Constituição, será apreciada pelo Supremo Tribunal Federal, na forma da lei.*

As primeiras ações desta espécie, dirigidas ao Supremo Tribunal Federal, esbarraram na posição da mais alta Corte da República de que o preceito não era auto-aplicável e que dependia de lei que lhe conferisse eficácia.[1]

A grande dificuldade apontada pela doutrina, e não solucionada pelo advento da Lei 9.882, de 3 de dezembro de 1999, que dispõe sobre o processo e julgamento da argüição de descumprimento de preceito fundamental, é a de definir o que significa ou qual a abrangência do conceito: "descumprimento de preceito fundamental".

2. A definição do âmbito de incidência

Na minha modestíssima opinião, o descumprimento de preceito fundamental decorre das chamadas cláusulas pétreas, ou seja, de atos administrativos que atentem contra a forma federativa de Estado; o voto direto, secreto, universal e periódico; a separação dos Poderes;os direitos e garantias individuais, nos termos do art. 60, par. 4º e incisos da Constituição da República.

A abrangência apenas para atos administrativos decorre da existência de controle de inconstitucionalidade e constitucionali-

---

[1] AG. REG. na Petição nº 1.140, julgamento 2.5.96. Relator Min. Sidney Sanches.

dade de leis e atos normativos e dos meios de suprir a ausência da norma regulamentadora de preceito constitucional de que dependa sua eficácia,como a injunção e a inconstitucionalidade por omissão.

Nesse sentido o art. 4°, parágrafo 1°, da Lei 9.882/99:

> *§ 1º. Não será admitida argüição de descumprimento de preceito fundamental quando houver qualquer outro meio eficaz de sanar a lesividade.*

Portanto, se incluem na restrição, a impossibilidade da substituição pela ADPF da ação de inconstitucionalidade interventiva, que visa assegurar a unidade da Federação, conformando as ordens jurídicas federal, estadual e municipal aos princípios constitucionais estabelecidos no art. 34, inc. VII, da Constituição da República,[2] e a autoridade das funções essenciais do Estado e das unidades federadas de hierarquia superior, como previsto nos incisos dos arts. 34 e 35.

Por via de conseqüência, a ação de descumprimento de preceito fundamental se dirige a situações de fato provocadas por atos administrativos que expressem o descumprimento das cláusulas pétreas.

Vale aqui uma reflexão. A atividade das funções essenciais do Estado, Executiva, Legislativa, Judiciária e do Ministério Público, expressam situações formalmente jurisdicionais (dizer o direito) e materialmente administrativas, como são exemplos a ordem para execução de políticas públicas pelo Executivo, elaboradas dentro dos parâmetros de conveniência e oportunidade, ou as decisões nos processos administrativos, e suas ordens de execução.

---

[2] VII – assegurar a observância dos seguintes princípios constitucionais:
a) forma republicana, sistema representativo e regime democrático;
b) direitos da pessoa humana;
c) autonomia municipal;
d) prestação de contas da administração pública, direta e indireta.

A sentença do Poder Judiciário, quando exerce a jurisdição, (*jurisdicere*), diz do Direito, declarando, desconstituindo ou constituindo nova relação jurídica. Mas, ao impô-la (*jurisdictio*), pratica atividade administrativa, expedindo mandados ou ordens de execução .

Dito isso, podemos concluir, que a abrangência da ação de descumprimento de preceito fundamental não se dirige a desconstituir sentenças ou avocar a sua solução para a mais alta corte da República, ou mesmo interferir na conveniência e oportunidade das ações do Poder Executivo, pois, se assim o fosse, estaríamos violando o princípio do juiz natural, ou a autonomia federativa, quando a ação tivesse como objeto atingir a competência para sentença de Tribunal da Federação, ou mesmo atos próprios dos Poderes do Estado membro, do município ou da própria União, o que confrontaria o princípio da harmonia e independência dos poderes.

Busca sempre, na situação concreta, assegurar os princípios fundamentais do Estado brasileiro expressos como cláusulas pétreas.

Nos perdoem a ousadia, mas a ADPF parece ser mais própria a um Estado Unitário Descentralizado do que ao Estado Federal Brasileiro, mas de qualquer forma, aplicada com vinculação à defesa dos princípios que a embasam: segurança jurídica e liberdade constitucional, pode se revelar de grande utilidade.

Art. 1º. A argüição prevista no § 1º do art. 102 da Constituição Federal será proposta perante o Supremo Tribunal Federal, e terá por objeto evitar ou reparar lesão a preceito fundamental decorrente de ato do Poder Público.

Note-se que a vedação à sua utilização "quando houver qualquer outro meio eficaz de sanar a lesividade" (§ 1º do art. 4º), faria letra morta o inciso I do parágrafo único do art. 1º, se entendermos que não se restringe aos atos materialmente administrativos, mesmo que formalmente Legislativos, Executivos, Judiciários e do Ministério Público, ou seja, expedidos como atos próprios dessas funções, mas como ordem de execução:

Parágrafo único – Caberá também argüição de descumprimento de preceito fundamental:

I – quando for relevante o fundamento da controvérsia constitucional sobre lei ou ato normativo federal, estadual ou municipal, incluídos os anteriores à Constituição.

No que respeita às duas primeiras hipóteses já há o controle por ação direta ou incidental, o que inviabiliza a ADPF e ao último (municipal), embora não haja previsão na Carta Política, em consonância com a compatibilidade vertical de normas dos arts. 22 e 24 da Constituição da República, que a estabelece entre a União, Estados e Distrito Federal, a ação direta de inconstitucionalidade de lei ou ato normativo municipal, só se dá em face da Constituição do Estado. Na hipótese, embora remota, de haver vácuo legislativo entre uma lei ou ato normativo municipal e a Constituição do Estado, mesmo que na Constituição da República haja norma contrária ao preceito, não há possibilidade de argüir a inconstitucionalidade, por ação direta, da lei ou ato normativo municipal em face da Constituição da República. A inviabilidade decorre do próprio espaço de competências estabelecido com o modelo federativo.

Seria ferir-se a autonomia do ente federado, proclamar-se constitucional ou não uma lei municipal por inexistência de preceito na Constituição do Estado em confronto com a da República. Em outras palavras, atentaríamos contra a forma federativa de Estado, face à hierarquia de competências do modelo federativo, cláusula pétrea, como referimos.[3]

---

[3] Veja o que dissemos quando tratamos do controle jurisdicional e sua adequação ao sistema federativo no capítulo sobre a inconstitucionalidade das leis e a ação declaratória de constitucionalidade.

De tudo que foi exposto até aqui, podemos concluir, que por exclusão, nos termos da lei que regulamenta a ADPF, esta ação não pode dirigir-se a controle de inconstitucionalidade de leis ou atos normativos, já previstos por via direta ou incidental. Nem às hipóteses que autorizam a ação de inconstitucionalidade interventiva. Só nos resta, portanto, atos materialmente administrativos de efeitos concretos de qualquer dos Poderes Públicos: Executivo, Legislativo, Judiciário e Ministério Público (art. 1º), que atentem contra as cláusulas pétreas, mesmo que fundados em lei anterior à Constituição. Portanto, fixada sua abrangência.

2-a. O conceito de descumprimento de preceito fundamental

Assim, o conceito de descumprimento de preceito fundamental é todo *ato administrativo* do Poder Público, que por ação ou omissão atente contra as cláusulas pétreas da Constituição da República, comprometendo a segurança do Estado Democrático de Direito e o exercício das liberdades constitucionais.

Seria a hipótese de descumprimento, por ação ou omissão no dever de agir de qualquer ente federado, que desrespeite a Constituição.

A situação pode derivar de um comportamento ativo do Poder Público, que pratica atos em desacordo com o que dispõe a Carta da República, ofendendo-lhe os princípios que nela se acham consignados.

Essa conduta estatal que importa um *facere* (atuação positiva) dá ensejo ao direito subjetivo público de agir aos legitimados pela lei, que são os mesmos da ação direta de inconstitucionalidade (art. 2º, inc. I).

Se a União, Estado ou Município, no âmbito de qualquer de seus poderes ou funções essenciais, deixarem de adotar as medidas necessárias à realização concreta dos preceitos da Constituição, de maneira a torná-los efetivos, operantes e exeqüíveis, abstendo-se de cumprir o dever de prestação que a Constituição lhe impôs, incidirá em violação negativa do texto constitucional e dará ensejo a possibilidade da ação de descumprimento de preceito fundamental. Desse *facere, non facere* ou não *praestare*, resultará a possibilidade da ação, que pode ser total, quando é nenhuma a providência adotada, ou parcial, quando é insuficiente a medida pelo Poder Público.

3. A possibilidade concreta para a sua utilização

Seria o caso, por exemplo, da cláusula constitucional inscrita no art. 7°, inc. IV, da Carta da República,[4] que embora consubstancie verdadeira imposição legiferante, depende de atos administrativos de pagamento e implantação no âmbito das unidades federadas, e que vincula o Poder Público à efetivação de uma prestação positiva destinada a satisfazer as necessidades essenciais do trabalhador e de sua família, preservando, mediante reajustes periódicos, o valor intrínseco dessa remuneração básica, conservando-lhe o poder aquisitivo.

Note-se que, nestas circunstâncias, o ato administrativo que não o implementa, apesar de lei autorizativa ou determinação por lei de política nacional, nos termos do preceito do art. 7°, inc. IV, tem natureza de nítido programa social a ser desenvolvido pelo Estado, mediante atividade administrativa vinculada.

Não se trata de controle de inconstitucionalidade por omissão ou mesmo de mandado de injunção por não haver norma que regulamente o exercício do Direito, mas de efetiva implementação por ato do Poder Público, que não observa os parâmetros ou pro-

---

[4] Art. 7°. São direitos dos trabalhadores urbanos e rurais, além de outros que visem à melhoria de sua condição social:
IV – salário mínimo, fixado em lei, nacionalmente unificado, capaz de atender às suas necessidades vitais básicas e às de sua família com moradia, alimentação, educação, saúde, lazer, vestuário, higiene, transporte e previdência social, com reajustes periódicos que lhe preservem o poder aquisitivo, sendo vedada sua vinculação para qualquer fim.

gramas constitucionais de índole jurídico-social e de caráter econômico-financeiro, fazendo nascer o direito subjetivo público do trabalhador à prática de atos que lhe assegurem um piso salarial que se revele capaz de atender suas necessidades vitais básicas.

Tem fundamento no descumprimento de "direitos e garantias individuais", cláusula pétrea do art. 60, § 4º, inc. IV, da Constituição da República.

Seria também a hipótese de se usar a ação de descumprimento de preceito fundamental para obrigar o Poder Público da União, através de sua autarquia, o Instituto Nacional do Seguro Social – INSS, a pagar as aposentadorias e pensões nos termos determinados na lei, observando a correlação entre o que foi pago pelo beneficiário (número de salários) e o que está sendo recebido, sempre inferior ao seu direito, o que contrasta com o art. 201 da Constituição da República.[5]

4. A utilidade da ação como meio de efetividade da Constituição e dos seus objetivos fundamentais

No nosso sistema federativo, a imposição pela ADPF a todos os entes federados à prática de atos visando a efetividade das leis ou programas nacionais, revela precioso instrumento de garantia da segurança do Estado de Direito e dos objetivos da República Federativa do Brasil, buscando dar efetividade à construção de

---

[5] Art. 20. A previdência social será organizada sob a forma de regime geral, de caráter contributivo e filiação obrigatória, **observados critérios que preservem o equilíbrio financeiro e atuarial**, e atenderá, nos termos da lei, a:

I – cobertura dos eventos de doença, invalidez, morte e idade avançada:

II – proteção à maternidade, especialmente à gestante;

III – proteção ao trabalhador em situação de desemprego involuntário;

IV – salário-família e auxílio-reclusão para os dependentes dos segurados de baixa renda;

V – pensão por morte do segurado, homem ou mulher, ao cônjuge ou companheiro e dependentes, observado o disposto no par. 2º.

...

Par. 4º. **É assegurado o reajustamento dos benefícios para preservar-lhes, em caráter permanente, o valor real,** conforme critérios definidos em lei.

uma sociedade livre, justa e solidária, garantindo o desenvolvimento nacional, a erradicação da pobreza e da marginalização e a redução das desigualdades sociais e regionais, com a promoção do bem de todos, sem preconceitos de raça, sexo, cor, idade e quaisquer outras formas de discriminação, como determina o art. 3º e incisos do título I dos Princípios Fundamentais da Constituição da República.

É mais um mecanismo de garantia da efetividade da liberdade constitucional e da segurança do Estado de Direito, que não pode se ver afetado pela inércia do Poder Público em respeitar os desígnios do Poder Constituinte Originário.

5. O parâmetro da decisão

Julgada procedente a ação, nos termos do art. 10, "far-se-á comunicação às autoridades ou órgãos responsáveis pela prática dos atos questionados, fixando-se as condições e o modo de interpretação e aplicação do preceito fundamental".

Note-se que o Supremo Tribunal Federal, que é o guardião da Constituição, determinará na parte dispositiva da sentença, as condições e a forma como interpreta e entende que deva ser aplicado o preceito fundamental.

É interessante observar que, ao estabelecer condições, o Tribunal Constitucional deve se ater à forma como deve ser efetivado o direito, sem intervir na independência do Poder Público do ente federado, o que feriria a autonomia dos Poderes. Vale dizer que o "como", está no âmbito da conveniência do poder obrigado à sua implementação (se mediante empréstimo de outro ente federado, etc).

6. Os efeitos da decisão

A lei parece se contradizer mais uma vez, ao se referir a declaração de inconstitucionalidade de lei ou ato normativo, no processo de argüição de descumprimento de preceito fundamental.

Art. 11. Ao declarar a inconstitucionalidade de lei ou ato normativo, no processo de argüição de descumprimento de preceito fundamental, e tendo em vista razões de segurança jurídica ou de excepcional interesse social, poderá o Supremo Tribunal Federal, por maioria de dois terços de seus membros, restringir os efeitos daquela declaração ou decidir que ela só tenha eficácia a partir do trânsito em julgado ou de outro momento que venha a ser fixado.

Parece contraditório que a lei proíba a utilização da Ação de Descumprimento de Preceito Fundamental quando existente outro meio para a situação e se refira a ação declaratória de inconstitucionalidade.

Como é princípio de hermenêutica que a lei não contém palavras inúteis, devemos entender que a ADPF pode ser utilizada de forma a dar efetividade ao cumprimento da Constituição para a prática de atos administrativos, independente da análise incidente sobre a constitucionalidade ou não da lei que fundamenta a inércia ou a atuação em seu desrespeito, que neste caso é prejudicial, mas não objeto do processo.

É como se antecipasse os efeitos concretos da decisão em ação direta de inconstitucionalidade, considerando-se que este meio não será eficaz para resolver o impasse ou a efetividade do Direito.

De qualquer forma, consideramos que ela só se dirige a atos administrativos em sentido estrito, embora possa ter sua base em lei inconstitucional, que aqui não é o pedido, embora possa ser a causa de pedir.

No que respeita a eficácia da decisão, a interpretação deve ser a de que o ato administrativo que é objeto da ADPF, possa ter, por razões de segurança jurídica ou de excepcional interesse social, efeitos restritos ou eficácia diferida para termo futuro e certo, ou mesmo para após seu trânsito em julgado.

Bibliografia

AZZARITI, Giorgio. "I vari sistemi di sindicato sulla costituzionalità delle leggi nei diversi paesi". Suplemento de *la Rassegna Mensile dell'Avvocatura dello Stato*. Roma: Istituto Poligrafico dello Stato, 1957.

BACHOF, Otto. *Normas constitucionais inconstitucionais?* Almedina, 1994.

BASTOS, Celso Ribeiro. *Curso de direito constitucional.* Saraiva,1983.

BAUDREZ, Maryse. "Decrets-lois em Italie:L'exapération mesurée de la Cour constitutionnelle em 1996". *Revue Francaise de Droit Constitutionnel.*

BIELSA, Rafael. *Princípios de derecho administrativo.* Imprensa de la Universidad Nacional del litoral-Santa fé, 1942.

BROSSARD, Paulo. *Constituição e leis a ela anteriores.* Rev. Trim. de Dir. Pub., 1993.

BUZAID, Alfredo. *Da ação direta de inconstitucionalidade.* Forense.

CALAMANDREI, Pietro. *La illegittimità costituzionale delle leggi.* Padova. Cedam, 1950.

__________. *Studi sul processo civile.* Padova. Cedam, 1950.

CANOTILHO, J. J. Gomes. *Direito constitucional.* Livraria Almedina. Coimbra, 1992.

CAPPELLETTI, M. *L'attività e i poteri del giudice costituzionale.* Milano. Giuffrè, 1957.

CAPPELLETTI, M. *La pregiudizialità costituzionale nel processo civile*. Milano. Giuffrè, 1957.

CAPPELLETTI, Mauro. *O controle de constitucionalidade das leis no direito comparado*. Sérgio Antônio Fabris, Editor.

CAVALCANTI, Themistocles Brandão. *O controle da constitucionalidade*. Forense, 1966.

CLÈVE, Clemerson Merlin. *Medidas provisórias*. Max Limonad Editora.

__________ . *A Fiscalização abstrata de constitucionalidade no direito brasileiro*. Revista dos Tribunais. 1995.

CORWIN, Edward S. "The Higher Law Background Law Review, XLII. 1928-1929". Cornell University Press, 1955.

DE RUGGIERO, Roberto. *Instituciones de derecho civil*. Instituto Editorial Reus.

ESPÓSITO, Carlo. "Il controllo giurisdizionale sulla costituzionalità delle leggi in Italia", em *Riv. Dir. proc.*, v. V ,1950.

FERREIRA FILHO, Manoel Gonçalves. *Curso de direito constitucional*. Saraiva. 1984.

FONTES, André. "Jurisdição de eqüidade e eqüidade criação". *Rev. Justiça & Cidadania* nº 34.

GUASQUE, Denise Freitas Fabião. *Apostilas CEPAD – Centro de Estudos e Atualização em Direito*.

__________. *O Ministério Público e a sociedade*. Freitas Bastos. 2002.

GUASQUE, Luiz Fabião. *Direito Público – Temas Polêmicos*. Freitas Bastos, 1997.

__________. *O Ministério Público e a sociedade*. Freitas Bastos, 2002.

JELLINEK, Georg. *Die sozialethische Bedeutung Von Recht, Unrecht und Strafe*. Berlim, 1908.

KARL, Peters. *Das Gewissen des Richters und das Getz*. Pandeerborn, 1950.

KELSEN, Hans. *Teoria pura do direito*. Coimbra. Antônio Amado editor.

LLORENTE, Rubio. "La jurisdicción constitucional como forma de creación del derecho". *Rev. Española de Derecho Constitucional*, 1988.

MATTEUCCI,Nicola. "Positivismo giuridico e costituzionalismo". *Riv. Trim. dir e proc. Civ.*, vol. XVII, 1963.

MATOS PEIXOTO, José Carlos. *Curso de direito romano*. Haddad editor,1960.

MCWHINNEY, Edward. "Judicial Review in English-Speaking World". University of Toronto Press, 1960.

MELLO FILHO, Celso de. *Revista da Procuradoria-Geral do Estado de São Paulo*. Junho de 1990.

PAOLI, *Studi sul processo attico*. Padova. Cedam, 1993.

POLETTI, Ronaldo. *O controle de constitucionalidade das leis*. Forense, 1985.

SILVA, José Afonso da. *Direito constitucional positivo*. Revista dos Tribunais,1989.

TEMER, Michel. *Elementos de Direito Constitucional*. Malheiros,1993.

TORNAGHI, Hélio Bastos. *Manual de Processo Penal Prisão e Liberdade*. Freitas Bastos, 1963.

_________. *Instituições de processo penal*. Saraiva, 1977.

_________. *Curso de processo penal*. Saraiva, 1987.

_________. *A relação processual penal*. Saraiva, 1987.

_________. *Comentários ao Código de Processo Civil*. Revista dos Tribunais, 1974.

_________. *Mandado de Injunção*. Rev. Proc. nº 5.

WAGNER, W. G. *The Federal States end Their Judiciary, The Hague*. Mouton, 1959.

WALD, Arnoldo. *Usos e Abusos da Ação Civil Pública*. Seleções Jurídicas ADV, 1995.

VILE. *Constitutionalism and the Separation of Powers*. Cornell University Press, 1957.

Índice onomástico